元明清文化名人小传

远林 新宇 著

长江出版传媒 长江文艺出版社

图书在版编目（ＣＩＰ）数据

元明清文化名人小传 / 远林，新宇著. -- 武汉：
长江文艺出版社，2021.5
　　（品中国古代文人）
　　ISBN 978-7-5702-1601-7

　　Ⅰ. ①元… Ⅱ. ①远… ②新… Ⅲ. ①文化－名人－列传－
中国－元代－清代 Ⅳ. ①K825.4

中国版本图书馆 CIP 数据核字(2020)第 079070 号

责任编辑：张远林　朱　焱　　　　　　责任校对：毛　娟
封面设计：颜森设计　　　　　　　　　责任印制：邱　莉　杨　帆

出版：　长江出版传媒　　长江文艺出版社
地址：武汉市雄楚大街 268 号　　　　邮编：430070
发行：长江文艺出版社
http://www.cjlap.com
印刷：武汉珞珈山学苑印刷有限公司

开本：640 毫米×970 毫米　　1/16　印张：14.75　　插页：1 页
版次：2021 年 5 月第 1 版　　　2021 年 5 月第 1 次印刷
字数：144 千字

定价：36.00 元

目 录

品中国古代文人

元

关汉卿

关汉卿

绽放在俗世里的奇葩 »»»

关汉卿及其杂剧是绽放在俗世里的一枝奇葩。

他"一空依傍，自铸伟词"，使中国文坛上有了与唐诗、宋词鼎足而立的另一种文学形式。唐诗的外向，宋词的内省，是士大夫表达意志和情感的两种不同的途径，从根本上看，他们都是文人化的、雅化的。而元曲，则一头扎进了人间烟火中，扎进俗常人世里，用本色当行的语言和形式，表达草根的、普通大众的喜怒哀乐、爱恨情仇。

关汉卿从骨子里来看，是抱持着儒者的传统理想的。但命运却没有让他按既定的路子走下去，世变打破了原有的方向，时势推动着他，他又顺应了这个大变局，成为这个时代的代言人。

他心中的儒者理想，在现实中无奈消解。他一变而为浪子，而为斗士。但心中的理想光芒从未真正熄灭。

它们换了一种形式，或是披上了不同的外衣，向世人诉说。

一 世变

关汉卿文名甚高，无论是在当世还是在后世。这一点和那些生前文名不显、死后才慢慢被后世发现的大作家颇有不同。

但在元代，他仅仅只是一个文人而已。因为没有社会地位，正史或高文典册中，没有关于他的记载，在零星的野史或笔记杂录中，我们才慢慢拼凑出他并不完整的一生。

他的生卒生不详，或说是1210年前后至1300年前后，大概生于金末元初时期。

他籍贯不详。或说是山西解州，或说是河北祁州，或说是北京大都。这三个地方，都是他生前停留时间较长的地方，在他的一生中，都有重要的影响。无论取哪一种说法，他们都在北方，是金人及元人统治的地方。

他祖籍不详。或说他的远祖是关羽。金灭北宋之后，以淮河为界，与南宋划江而治。关汉卿家在北方，因而就留在了金人统治区内。他的父亲关怡在金朝或许是一个小吏，因而他的家境要好过一般的平民百姓；他的叔叔关灿是医户，关汉卿后来精通医术，或许与此相关。

金人入主中原后，推行汉族文化，遵循着前朝的科举取士制度。作为汉人的关怡，在北方沦陷时，没有离开故土，和大多数北方人一样，他做了金朝治下的一个小吏。

让我们把目光暂且投向山西解州。

1210年前后，关汉卿出生了。不难想象，作为汉人，关家祖上以至关汉卿父亲这一代，大都遵循"奉儒守官"这一传统，这也是绝大多数士大夫家庭的必由之路。要走这一条路，就必然要通过科举考试。

由于史料的缺乏，我们无法知道关汉卿幼年时接受教育的详细情况，但他接受了传统经典的教育是确定无疑的。如果没有传统经典教育深深植根于他的血脉中，如果没有青少年时打下的深厚的童子功，也不可能会有以后的元曲大家关汉卿！他的杂剧中，且不说思想倾向，单看那些丰富的、充满奇情壮彩的文辞，出入经典、纵横捭阖、信手拈来的典故，就深深表明他的传统儒学功底之精深。

在学习经典、一心一意为科举做准备的同时，青少年时期的关汉卿也深受家乡另一种风俗的影响。解州是盐产地，当地建有祭祀盐神的池神庙，每当春秋祭祀或是其他重要的节日，村民都会来拜祭，有时还会碰上搭台唱戏的大活动。

戏剧最初和民间祭祀不无关联，只是这种萌芽在历史的发展中没有发展壮大。宋代，随着市民文化的兴起，勾栏瓦舍的兴盛，戏剧得到了一定程度的发展，宋代杂剧的发展，为元杂剧奠定戏剧折子和行当角色的基础。

池神庙的搭台唱戏，在青少年时期的关汉卿心中种下了一颗戏剧的种子。也许，在当时是模糊的，是无意识的。一旦这颗种子找到了适合它生长的土壤和契机，一定会破土而出。

据文献记载，关汉卿曾为"太医院尹"，在金代"太医院尹"为二品之职，若关汉卿果真是"太医院尹"，一则是太年轻，二则官居二品之职的人，有很高的社会地位，正史不可能无载。而如今，我们在正史当中丝毫找不到任何关于他的信息。

根据合理推测，我们只能相信关汉卿父辈中有人是医户，而关汉卿除了接受经史的正统教育外，也一定耳濡目染，旁学杂收了一些医学知识。学医，便相当于有了一技傍身。也许那时的关汉卿并没有把学医当作一个职业来对待，但他却在家学濡染之下，有了旁人没有的便利。日后，关于他医术高明、妙手回春的传说不少，而他的杂剧中，也有不少医学方面的术语。

如果历史的轨迹没有发生转变，如果金朝没有被元朝所灭，或许，关汉卿就和大多数人一样，在到了科举应试年龄后，走上科举取士之路。

但是，时势改变了他的命运轨迹。

公元1210年，铁木真公然羞辱了要求他朝拜新君的大金使者，这个生长在蒙古草原上的雄鹰，羽翼已丰满，对昏懦无能、日渐衰微的大金，早已不放在眼里。

第二年，蒙古大军铺天盖地逼近金国的西京，守将弃城而走不说，还串通几个心腹，将前来兴师问罪的皇帝趁乱毒杀，金国将皇帝的女儿进贡给成吉思汗，意欲求和，却依然阻挡不住铁木真一路向前、直逼中都的野心。

铁蹄所到之处，满目疮痍，哀鸿遍野。铁血的蒙古军，仿佛杀红了眼。

这样的环境下，关汉卿怎能安心求学？如风中残烛、苟延残喘的大金，又怎能确定给天下士子一个应考的机会？

十几岁的年龄，正是谋取前程、积极应考的大好时机。

在战乱稍稍平息的境况下，满腹经纶的关汉卿不得不离开家乡解州，去往解州的首府平阳。他期待着，在那个更广大的舞台上，能谋得机遇。

平阳是帝尧建都之地，那里气象不凡，曾是仅次于金中都的胜地。

平阳也是让历史学家颇感惊讶的地方，蒙古军所到之处大肆屠城，而这里却是幸免之地。也许是平阳的文化和经济繁荣，让铁木真在举起屠刀之际，略有迟疑。毕竟，蒙古的统治，也需要维持这样的重镇。

在这里，异常繁荣的市场文化，让一心谋仕的关汉卿深深触动。

在目前的乱世之中，正常的人生轨迹早被打乱，科举还不知道何时才能正常开科。在家乡萌生的那颗戏剧种子，在平阳兴盛的戏班子的催动下，按捺不住要拔节生长了。

所学的满腹经纶，如果不能用在科举上，至少也可以用在戏文上呀。来到平阳，他也得为自己的生存谋取出路。而这里除了大大小小的戏班子，还有专供戏剧人聚集的散乐大行院。

在这个动荡的年代，在这片相对安宁的土地上，这里的人似乎没有受到太多战乱的扰攘，对生活依然抱有热情，唱戏、唱曲、观戏的，异常繁盛。

平阳"士庶薄文章""歌舞盛优倡"，也不知道是怎样的因缘际遇，关汉卿在平阳结识了大行院中的一批人，如善于写剧本的狄君厚、于伯渊、孔文卿，还有后来与他成为好友的石君宝。交流切磋和耳濡目染当中，关汉卿也开始了他的杂剧创作。

他生来倜傥，"博学能文、滑稽多智"。深厚的经学功底、多智的倜傥个性和旺盛的市民需求相结合，还有胸中喷薄而出的激情，促使他创作出一系列的杂剧。我想《单刀会》《西蜀梦》这些历史剧，应当诞生于这个时期。

是的，这个时候的关汉卿，面对着江山易代，面对着神州陆沉，面对着自己的满腹经纶无用武之地，科举之途就此被打断，青春的激情和热血，理想的鼓噪与压抑，让他像一个天才一样，创作出了反映他心境和期盼的历史剧。

在剧中，他借历史人物关羽，抒发了心中的志气和积郁。

在《单刀会》中他浓墨重彩地刻画了以忠义神武著称于世的蜀汉大英雄关羽，讴歌他的英雄气概，并将江山易代之际汉族人民不甘屈服的抗争情绪融入其中。他呼唤像关羽一样的大英雄，在陵谷变迁的关键时刻，所向披靡，叱咤风云，带领汉族人民挣脱蒙古铁蹄的践踏和锁链的束缚。

"百忙里称不了老兄的心，急切里倒不了俺汉家节"，关汉卿的胸襟和气魄不言而喻。

但高扬的理想旗帜，在灰暗的现实中被掩盖了光芒。英雄的心在泣血！他知道理想的可贵、勇气的可贵，也知道现实的残酷与世道的悲凉。

所以在同样以关羽为主角的《西蜀梦》中，他写了英雄人物的失路之悲，写了英雄的悲剧。在《哭孝存》中，他对造成英雄悲剧的深刻社会原因予以揭示。

他一出场，便卓尔不凡，将元杂剧推向了一个高峰，并引领它继续奔向繁荣的大道。

那洋溢在字里行间的不屈自尊心，那干预现实的昂藏勇气，那抗拒邪恶的顽强意志，那激浊扬清的爱憎倾向，是青春的关汉卿对这个世界的宣言。

所以，他的杂剧，模仿不了，因为那里面融进了他高扬的生命意志和个性特色。

也许他还年轻，涉世不深，还没有在现实的历练中扎下深深的根，他只能借历史人物来传达他的心声。但历史不是死的，而是活在人心中的。他巧妙地选取了具有巨大民心凝聚力和民间影响力的独特人物——关羽！这个主要人物的选取，也让他的杂剧，甫一诞生，便有了极大的观众基础。

种种机缘巧合，让他和他的戏剧，在诞生之际，便达到了高峰！

二 浪子

1215 年，蒙古军围困中都，金宣宗迁都汴梁。

接着，成吉思汗病逝，诸子争着继位，放缓了对金的南征，汴梁相对平静。

这让关汉卿仿佛看到了某种希望，作为汉族的子民，能回到北宋曾经的都城汴梁，怎能不让人激动？

他决定到汴梁。

那里金国官员云集。

只是金国苟安的梦，并没有维持多久。1233 年，蒙古攻陷了汴京，所到之处，留下的只有死亡和瘟疫。1234 年，随着金哀宗仓皇逃向蔡州，金国宣告灭亡。

关汉卿也加入了逃亡的队伍。他一路向北，最终在祁州伍仁村落了脚。

祁州是有名的药材基地，精通医术的关汉卿选择落脚此地，或许有这个原因在。在乱世，救死扶伤越发重要，他也只能暂时依靠这点本领，先在乱世中维持基本的生存。

在祁州他一边治病救人，一边整理思绪，酝酿着新的剧本。

如果没有这点寄托，何以在这个乱世顽强地活下云，活得光彩夺目？

但真正让他大放异彩的，不是这里，而是元大都。

随着金的灭亡，南宋也灭亡了。这个和蒙古联盟灭金的南宋王朝，在被蒙古利用完了之后，终于被一脚踢开，并最终走上了和金一样被灭的道路。

蒙古逐渐统一中原，定都大都。

关汉卿又来到了大都，他似乎在寻找或等待着什么机会。

但大元并没有给他机会。

元朝统治者入主中原之初，极度藐视汉文化。蒙古骑兵在军事上的优势和宋兵的不堪一击，给他们留下了太深的印象。他们错误地将这种军事上的优势，转变为心理上的优势甚至是自以为是的文化优势。

他们将人划分为不同的层级，自己就是高高在上的那一等；他们妄图将农田变成牧场，他们缺少一种宏大的政治视野或文化理想，对他们而言，权欲仿佛就是一切。

他们对文人的态度也来了一次转变。

如果说宋朝时期文人士大夫的社会地位之高是空前的，那么元朝文人士大夫阶层的社会地位之低则是绝后的。他们釜底抽薪式的斩断了文人士大夫的晋身之路，居然废除了科举！这一废，便是将近八十年的漫长光阴。

科举制度是传统社会中笼络士人的制度，是士人得以分享皇权的最重要途径，也是统治阶层用来稳定社会的重要手段。但元代统治者却毫无眷恋地抛弃了这一文明社会的重要标志。

对他们而言，国家政权不需要广泛参与，只需要蒙古人垄断便可。读书人自此失却向上的路径，也失去了绵延了上千年的传统身份。元代统治者将人分为四等，依次是：蒙古人、色目人、汉人、南人。按行业又划分为十等：一官、二吏、三僧、四道、五工、六农、七医、八娼、九儒、十丐。九儒、十丐！这真是亘古未有的大变局，这真是对士人的极大的羞辱。斯文扫地，莫此为甚。

而那些怀抱着儒家梦想，怀抱传统科举入仕梦想的文人，将何为？

一直以来，关汉卿接受着儒家文化教育。一直以来，他心中的科举之梦并未曾熄灭。但现在，一切都变了，一切都由不得自己。这是元代统治者对天下读书人的无情扼杀，这也是命运给关汉卿开的一个巨大玩笑。

面对这样的生存现实？何去何从？

不同的选择导致了不同的人生分野。失落的文人或是无可奈何地选择走入山林，做一个避世者，比如马致远。或是步入市井，做一个玩世者。

翻开元散曲，我们会发现"避世思想"和"玩世哲学"构成了它最普遍的两大范式。前者以陶渊明为宗，构筑着自己的桃花源，抒发着"采菊东篱下"的隐逸情怀；后者混迹于市井，流连于青楼，躬践排场，"占尽排场风月功名"。

关汉卿留给后人的，便是这后一种形象。那首《［南吕］一枝花》是他对世人和这个世界的宣言：

　　［梁州］我是个普天下郎君领袖，盖世界浪子班头。愿朱颜不改常依旧：花中消遣，酒内忘忧；分茶攧竹，打马藏阄；通五音六律滑熟，甚闲愁到我心头！伴的是银筝女、银台前、理银筝、笑倚银屏，伴的是玉天仙、携玉手、并玉肩、同登玉楼，伴的是金钗客、歌《金缕》、捧金樽、满泛金瓯。你道我老也、暂休？占排场风月功名首，更玲珑又剔透。我是个锦阵花营都帅头，曾玩府游州！

[隔尾]子弟每是个茅草冈、沙土窝、初生的兔羔儿、乍向围场上走。我是个经笼罩、受索网、苍翎毛老野鸡、踏踏的阵马儿熟。经了些窝弓冷箭蜡枪头，不曾落人后。恰不道人到中年万事休，我怎肯虚度了春秋！

[尾]我是个蒸不烂、煮不熟、捶不匾、炒不爆、响当当一粒铜豌豆，恁子弟每谁教你钻入他锄不断、斫不下、解不开、顿不脱、慢腾腾千层锦套头。我玩的是梁园月，饮的是东京酒；赏的是洛阳花，攀的是章台柳。我也会围棋、会蹴踘、会打围、会插科、会歌舞、会吹弹、会咽作、会吟诗、会双陆。你便是落了我牙、歪了我嘴、瘸了我腿、折了我手，天赐与我这几般儿歹症候，尚兀自不肯休。则除是阎王亲自唤，神鬼自来勾；三魂归地府，七魄丧冥幽。天那，那其间才不向烟花路儿上走！

在这里，我们看到了一个与传统士大夫截然不同的形象！简直就是一个浪子，一个有着强大的生命力、强烈的欲望而又玩世不恭的浪子。富贵功名全都没有了，还有什么可以羁束他，还有什么值得他尊敬？他用他的反叛、挑战和不屑打破传统禁忌，撕开那个社会温情脉脉的遮羞布，向这个世界开敞一个真实本色的自己。

科举之路不通，他选择了走向市井，走向杂剧。

那里有最真实的人间百态，最原始的生命情感，最朴素的意欲渴求。好在元大都有一大批志同道合者，在这里，他结识了以幽默著称的王和卿，结识了梁进之、杨显之、费君祥等一大批在元曲文坛上占有一席之地、散发光芒的人物。他也结识了一大批名角倡优，如顺时秀等。

选择走向杂剧，同时也是时势必然。传统的文学样式如诗词散文，在元代一片荒芜，那些本来是士大夫文学，是雅化的。而在元代，士大夫都已经没有了，文人沦为"细酸"，没有了创作者，更没有欣赏者。对元代统治者来说，那些精致的阳春白雪无法满足他们"下里巴人"的胃口，他们消化不了那种高贵的东西，他们喜欢来自民间的粗粝和淋漓。上行之，下必效之，在整个大都，流行的正是这种审美口味。

元代统治者对文学教化的弱化，对士大夫的歧视，对文人们所谓的文学样式的不敏感，在一定程度上为关汉卿等元杂剧作家提供了较为自由的抒发情感的表达形式。而这种接近"愤怒的艺术"，融唱、念、做、打各种样式的、近乎赤裸裸表达情感的杂剧，恰好满足了他们的一切需求。

关汉卿渐渐成为大都"玉京书会"的核心人物。

也正是在这个时期，他的杂剧创作达到了繁荣期。他创作了大量爱情风月剧：《救风尘》《望江亭》《拜月亭》《谢天香》《金线池》《调风月》《玉镜台》等。这些剧目，要么写士妓之恋，要么写才子佳人之恋，尤以第一种为主。

在士妓之恋中，洋溢着浪子风流和超越世俗偏见的爱情理想，带有与传统价值观迥异的市民气息和特色。在这些剧目中，如《救风尘》《金线池》《谢天香》等，他特别以风尘女性为大放异彩的主角，以她们为捍卫人格尊严和争取爱情幸福进行斗争为主线，在抗争中展现她们迥异于传统女性的价值观、迥异于传统女性的胆识和心性，给被侮辱被损害的风尘女子笼罩了理想的光芒和人格的尊严。

无论是士妓之恋，还是才子佳人之恋，关汉卿笔下的女性都是主动的一方，都是巾帼胜须眉的形象，而那些士子们要么是唯唯诺诺、忍气吞身，要么是遇事慌乱失了阵脚，更没有主心，在困境面前一筹莫展。他们缺少男性应有的担当和勇气。

除了早期历史剧中，还有些充满阳刚之气的男性外，在世情剧和公案剧中，男子的形象都被弱化了，甚至是被阉割了。

而这一切，不正是元代特殊的社会心理文化的折射吗？被列为九儒之等级，仅仅比乞丐高一级的文人士人，已经丧失了男性拥有的至高无上的话语权，已经丧失了他们作为男儿的基本担当，他们不再是自古以来被人称颂的君子，更不是社会的栋梁，他们是比倡伎更低一等的被损害者、被侮辱者。

在这种情形下，女性的站立和觉醒是必然的，而男性的弱化和颓废也是必然的。

对那些男性形象的弱化甚至是丑化，是关汉卿面对荒谬现实的一种回应。他像一个浪子一样混迹尘俗、青楼，仿佛心甘情愿作一个"梨园领袖""编修师首""杂剧班头"，他似乎是将心中抱守的儒家传统情怀和士人理想人格狠狠地踩在地上，他似乎在那些离经叛道追求原始生命尊严和激情的女性身上找到了归宿，可是，有谁知道他转过身后，黯然饮泣的模样？

他哭那些被侮辱、被损害的娼伎，他哭那些被侮辱、被损害的士子，但他展现在世人面前的永远是一副玩世不恭的模样，一脸毫不在乎的笑。其实，他是在以这种荒谬的形式消解传统儒家的意义，也用这种消解展示这个现实世界的无情和荒谬。

你永远看不透，这个浪子的表象之下，藏着什么样的一本正经和严肃。早年昂藏激扬的英雄之气，到此时也化为一丝丝人间烟火情。

三 斗士

一方水土养一方人。无疑，关汉卿是北方男子，燕赵慷慨悲歌的精神浸润着他的血脉，渗透进他的灵魂，流淌在他的每一部作品里。

他借风流放荡之形，抒愤懑不平之气，在豪放不羁中，展现了燕赵慷慨悲歌的傲然风骨。在他的戏剧里，有高涨的民族自尊精神、有怨愤的布衣情怀，有不与邪恶势力妥协的战斗精神，有追求自由幸福的独立人格。

但这个北方的男儿，在生命的晚年，却极其向往江南。

尤其是"春风十里扬州路，卷上珠帘总不如"的苏杭。南宋在灭亡之前，偏安江南，直把杭州作汴州，而宋代的士人精神和士人文化，也随着那段时间的偏安，深深扎根于那片江南的土地了。

说不清楚为什么，越是到老了，关汉卿越是向往江南。也许，在地理位置上，他的家乡是北方。但在文化心理的归属上，他的家乡是南方。因为那是汉家王朝的埋葬地。他想去这个精神上的故乡走一走，看一看，去感受一下传统文化的遗风。或许，这是一种文化心理上的寻根吧。

他离开了大都，起程向南。

他经过建康，来到了苏州。在苏州，冲他的文名，郑光祖前来拜会，那个在元曲史上堪称大家擅长写梦境写鬼魂的郑光祖。他又去了杭州，在那里结识了另一个剧作家沈和甫。

他走到哪里，哪里就慕名而来的人。他的文名不仅极盛于中都，更远扬于南方。

他在杭州停留了下来。在那里，除了和一帮文友切磋唱和外，他还结识了当时的名优珠帘秀，他惊艳于珠帘秀的技艺和美貌，作了一首《赠珠帘秀》的诗赠给她。后人便以这首诗为引，猜想关汉卿和珠帘秀的情感之谜。

但他终究是一个北方男人，南方的温软娇媚没有磨灭慧男儿的心性，他在温柔乡中，写出了生命中的最强音《窦娥冤》。

《窦娥冤》是公案剧。这不是他写的唯一一部公案剧，同属于公案剧范畴的还有《蝴蝶梦》《鲁斋郎》《绯衣梦》等等。在这些公案剧中，他建立起一个惩恶扬善、伸张正义的法庭，痛痛快快地审理世间腐朽不平，要铲除人间一切不公与邪恶。

《窦娥冤》是中国古代悲剧中最动人心魄的剧目之一。他倾尽全力塑造了一个命运多舛、冤苦无告的传统悲剧女性。意在告诉人们，一个普通人，当他在"做奴隶都不得"的极端情形下，爆发出的生命能量会有多大。他借窦娥之口，对这个不平的社会作了最严厉无情、最痛快淋漓的控诉，来看看这段惊世骇世的控诉：

[滚绣球] 有日月朝暮悬，有鬼神掌着生死权，天地也，只合把清浊分辨，可怎生糊突了盗跖颜渊？为善的受贫穷更命短，造恶的享富贵又寿延。天地也，做得个怕硬欺软，却原来也这般顺水推船。地也，你不分好歹何为地？天也，你错勘贤愚枉做天！哎！只落得两泪涟涟。

在窦娥的身上，我分明看到了一个斗士！

这个浪子，在接近生命的终点时，没有变得一派温润和穆，反而变得更加金刚怒目。

无论是早年借英雄人物高扬理想和生命的意志，还是中年借浪子形象消解现实的荒谬和黑暗，他都未曾停息过探索的脚步，也未曾放下心中坚守的最原始的传统理想。而在生命的最后，他将一切演变成一曲生命的最强音，借窦娥之口。

那个作为英雄的关羽寄托了他改造世界的幻想，那个作为梨园浪子的铜豌豆好像是与现实世界和解了、顺从了，而这个作为斗士的窦娥却透露了他生命深处的呼喊：砸碎这个荒谬的世界。

是的，这个窦娥不一样，她充满了杀伐之气。

这是关汉卿不同于传统文人的杀伐气，他不同于传统文人的懦弱，只能对弱势群体表示一点泛滥的同情心。他不同于传统士人的中庸，在"哀而不伤"中将一股正气消磨得变了形，软绵绵的。他面对这个荒谬的世界，终于有了想杀死它的杀伐之心。

但他的杀伐之气，不是被过度压迫后的扭曲或变态，不是拘于个人私见的尖酸刻薄。他总是在黑暗中留一线生机，让人在黑暗的现实中触处生春。

所以，他的剧中总有厚人伦、正风俗的朴素理想。他满足了士子对科举的渴望与认同，让他们梦想成真；他弘扬忠孝节义，让正义最终战胜邪恶。他认同天人合一，为无助无奈的普通人设了一个拯救弱小、震慑邪恶的天道。

他剧中的每一个主要人物，都充满了生命的激情。这种激情化而为剧中人物元气淋漓的语言，化而为形形色色的抒情，化而为步步推进、环环相扣的命运转换和情节设置。这种激情，让他的语言不同于文绉绉的雅化语言，不同于没有血肉的苍白文字，而是字字本色，句句当行，读来无不渗透着一种激荡人心的感染力。

这个伟大的千古奇才，注定不只是中国的，也是世界的。

1958 年，世界和平理事会宣布关汉卿为世界第一批文化名人，与孔子、达·芬奇、莎士比亚等齐名。

我们无须拿这些世界名人来比附，因为他在这里，一直在这里。他一直活在后人的心中，这便是永恒，便是最后人对他最好的致敬。

这个英雄、浪子、斗士！

品中国古代文人

明

王阳明
吴承恩
汤显祖

王阳明

在中华五千年文明史上，建功立业、彪炳史册的人物很多，但要严格按照古人"三不朽"的标准——立德、立功、立言三者必须兼备论起来，似乎又找不出几个来。王阳明和曾国藩是仅有的两个例外，他们两人在最高的程度上同时达到了这三条标准，真正实现了知行合一、内圣外王，这在中国历史上是极为罕见的。

一 我本狂者

王阳明名守仁，字伯安，生于 1472 年，卒于 1529 年，谥文成。祖籍浙江余姚，青年时随父亲迁家至山阴（越城），后来他在距越城不远的阳明洞天结庐，自号阳明子，学者称他为阳明先生。

王阳明的传奇故事从出生就开始了。他出生时，他的祖母"梦天神抱一赤子，乘云而来，导以鼓乐"，于是他的祖父王伦——

位有著作行世的隐士——便根据这个祥瑞给他取名为"云"。但是，王阳明一直到5岁还不会说话，这使他的家人感到惊恐不安。有位神僧看到这个情况，摸着他的头顶说："好个孩儿，可惜道破。"意思是说他的名字没有取好，泄露了天机，所以遭到这个惩罚。他的祖父受到启示，便撮取《论语·卫灵公》中"知及之，仁不能守之，虽得之，必失之"这段论述的大意，将他的名字改为"守仁"，随即他就说话了。

1481年，他的父亲王华举进士第一甲第一人，俗称状元及第，被授翰林院修撰。次年，王伦带着11岁的孙子王阳明进京，路过金山寺，诗兴大发，但一时又无应景的佳句，正苦思间，王阳明说："爷爷，给我笔。"随即作诗一首："金山一点大如拳，打破维扬水底天。醉倚妙高台上月，玉箫吹彻洞龙眠。"诗成，四座皆惊。这件轶事显示出王阳明早熟的惊人的文学天才。

与他的极高天赋相对应的，是他的豪迈不羁、眼高于顶。钱锺书说过，一个人二十岁不狂是没有志气，三十岁犹狂是没有头脑。这话用在王阳明身上是再合适不过了。少年王阳明精力旺盛，好高骛远。经书、诗词、骑射、兵法、道术，无所不学，无学不精。

当他十二岁时，他就敢于自信地纠正塾师的教导："读书考进士算不得什么，读书做圣贤才是第一等事。"当他十三岁时，生母死了，继母虐待他。他便与一个巫婆串通起来，将一只猫头鹰藏在继母的被褥中。继母发现时，大惊失色。继母找来巫婆询问，巫婆告诉她说，野鸟入室，乃不祥之兆；如果继续待子无礼，将有大祸临身。从此，继母再也不敢虐待王阳明了。当他十五岁时，随父出游居庸三关，王阳明慨然有经略四方之志，归来后屡次想要给朝廷献策，被他的父亲斥为"狂妄"乃止。当他十七岁时，王阳明前往江西南昌迎娶诸氏。在举行婚礼的前一天，他散步走到一个道观铁柱宫，遇到一个道士。他向道士叩问养生之事，道士说："养生讲究的是一个静字，清静而后能逍遥也。"他被道士的学说所吸引，竟与这个道士讨论了整个通宵，寝食俱忘。他的岳父派人到处寻找，直到第二天凌晨才在铁柱宫找到他。对于他所感兴趣的东西，能全神贯注如此，也是令人叹为观止。

王阳明 21 岁举浙江乡试，然而次年第一次参加会试，他却落第了。25 岁第二次应试又落第了。连续两次挫折，并没有使他灰心丧气，他说："世以不得第为耻，吾以不得第动心为耻。"后来，他也用这种态度勉励他的弟子徐爱积极应试，不要以得失为累："既业举子，便须入场，亦人事宜尔。若期在必得，以自窘辱，则大惑矣。"1499 年，王阳明 28 岁，第三次参加会试，举南宫第二人，赐二甲进士出身第七人。随后任职工部。

二 "五溺三变"

王阳明的青年学习时期，也是他的思想探索时期。曾有人以

"五溺三变"一语来概括王阳明思想与精神变迁的过程，"五溺"是指："初溺于任侠之习，再溺于骑射之习，三溺于辞章之习，四溺于神仙之习，五溺于佛氏之习，正德丙寅，始归正于圣贤之学。""三变"是指："少之时驰骋于辞章；已而出入于二氏；继乃居夷处困，豁然有得于圣人之旨，是三变而至于道也。""五溺三变"说精要地概括了王阳明归正于圣贤之学前的多种嗜好，这些嗜好并非先后发生之事，而常是同时持有的兴趣。

王阳明自己曾承认"吾昔放逸"，他少年时常干的营生是逃学去同其他小孩做军事游戏，他的父亲为此非常忧虑。那时的他，主要兴趣是学习骑射。王阳明善射，曾在平定宸濠叛乱后当众显现。宦官张忠与武将许泰向他挑衅，要跟他教场比箭。王阳明不得已应邀，连发三箭，皆中靶心，将士一片欢呼。到了二十六岁，他已不满足于学习骑射，开始精研兵法。于是遍读兵家秘书，每遇宾宴，常聚果核列阵势为戏。王阳明自幼向往英雄事业，尤其向往汉朝马援的功业。他晚年于平定广西少数民族造反的归途中，曾亲至梧州谒见马援庙，并题诗两首，抒发他对马援建立边功的景仰。

王阳明对于文学艺术也有特别的爱好，青年时期曾在家乡成立诗社，中进士后又与李梦阳、何景明、徐振清等人一同驰骋文坛。一直到1502年，他才感到不满足，叹惜"焉能以有限之精神为无用之虚文"。在他心中，道才是最根本的，"志于道"才是大丈夫所为，诸如诵诗、习字、弹琴、骑射之类，都是为了调息此心，使之谊熟于道。

王阳明出入佛老，曾多方求师问道，这也是他不屈不挠精神的表现。根据一位日本学者的研究，王阳明一生遍游佛寺，其中知名者有四十余处，分布八省。1501 年，王阳明游九华山，向山中道士蔡蓬头求教长生术。蔡蓬头说他态度虽诚恳，礼节虽隆重，但官气未散，这句话一针见血地击中了他内心的矛盾，两人一笑而别。他又听说九华山地藏洞住着一位异人，于是攀援崎岖的山路，去寻找这位异人。他向异人请教，异人只是简单地回答说："周敦颐、程颢是儒家两个好秀才。"后来异人不知去向，王阳明为此惆怅不已。1502 年，王阳明肺病发作，于是告假回山阴阳明洞筑室修炼导引术，按时静坐，练习气功等，前后达两年之久。不久，他发觉这只是簸弄精神的游戏。后来，他又认识到修炼长生、离世远去，其结果必然是割断与亲属的恩情，而割断这孩提时就具有的恩情，就将毁灭人性。他经过长期冥想后得到的这个结论，终于使他与道教决裂了。

与此同时，他与佛教思想也开始分道扬镳。1503 年，王阳明移居西湖养病。在此时期，他经常往来于净慈寺、虎跑寺等寺庙。有一次，他对在佛寺中坐禅三年、不语不视的和尚大喝道："这和尚终日口巴巴说甚么？终日眼睁睁看甚么？"和尚犹如遭受当头棒喝，猛然一惊。王阳明遂问其有家否？答曰："有母在。"王阳明又问："想家吗?"答曰："不能不想。"王阳明便以爱亲本性反复劝说，和尚流泪称谢。第二天再问，和尚已经回家去了。这个故事说明出家修禅是违反人的本性的，王阳明在思想上已经与佛教划清界限了。

从思想取向上而言，当王阳明与佛老学说决裂之日，也就是他正式确立儒家思想之时。实际上，儒家思想对于任何一个读书人来说，都是寻常日用、精神食粮，不论你喜不喜欢、接不接受，它都在那里。1489 年，18 岁的王阳明迎娶诸氏从南昌回余姚的途中，在江西上饶拜访了朱熹派学者吴与弼的门人娄谅。娄谅向他阐述了圣人可学而至的思想和朱熹提出的通过格物穷理达到圣人的道路，王阳明对此深信不疑，从此便按照娄谅指引的方向全力探索。

1492 年，王阳明随父亲来到北京，准备参加次年的会试。在这段时期，王阳明遍求朱熹之书读之，但对格物之说仍是疑点甚多。朱熹认为，一草一木都包含至理，王阳明便在父亲的官署中对着竹子格物穷理，苦思冥想达七天之久，一无所得，就病倒了。《传习录》是这样记载这件事的：

先生曰："众人只说格物要依晦翁（朱熹），何曾把他的说去用！我著实曾用来。初年与钱友同论做圣贤，要格天下之物，如今安得这等大的力量；因指亭前竹子令去格看。钱子早夜去穷格竹子的道理，竭其心思，至于三日，便至劳神成疾。当初说他这是精力不足，某因自去穷格，早夜不得其理，到七日，亦以劳思致疾。遂相与叹圣贤是做不得的，无他大力量去格物了。"

王阳明真是个勇敢而有趣的人。那些伟大的人物，诸如尝百草的神农、在自己身上绑上火箭的宋人冯继升等等，不正是像他这样的人吗？

经过许多艰苦的探索后，1505 年，王阳明与湛若水（号甘泉）相遇了。王阳明与湛若水的交游，的确是他思想发展的一个重要转折点。王阳明曾经广游四方，求师友于天下而不得。王、湛初遇时，阳明三十三岁，若水三十九岁。相会之后，阳明说："守仁从宦三十年，未见此人。"甘泉也说："若水泛观于四方，未见此人。"此时，王阳明还信奉朱熹的格物学说，以格物为穷理，但又因朱熹的学说把心与理割裂开来而感到苦恼。湛若水则从孟子"君子深造之以道，欲其自得之也"出发，用"造道自得"来解释格物致知，这就给予王阳明以新的启示。后来，王阳明在龙场悟道，"始知圣人之道，吾性自足，向之求理于事物者误矣"，王阳明的"吾性自足"与湛若水的"自得"思想显然是一脉相通的。

三 龙场悟道

1505 年，明孝宗死，明武宗继位，武宗时年 15 岁，太监刘瑾等擅权，朝政紊乱。明孝宗的顾命大臣刘健等联合上疏请求罢免刘瑾，却被刘瑾罢职。言官戴铣等上疏要求起复刘健，又被刘瑾矫旨下狱。这下王阳明看不下去了，不顾人微言轻，冒死抗谏，提出"宥言官，去权奸"，将矛头直接对准刘瑾。结果可想而知，刘瑾矫旨将王阳明廷杖后下狱。不久，王阳明就被贬到偏远的贵州龙场，做一个小小的驿丞，然而王阳明一点也不后悔和胆怯。

1507年3月，刘瑾将刘健、王阳明等53人列为奸党，榜示朝堂，随后又密遣心腹，企图在流放途中伺机刺杀王阳明。王阳明为摆脱刺客的追踪，"乃托为投江，潜入武夷山中"。他在山中隐居躲过这惊险的风浪后，就又像游方僧一样直赴龙场。他曾写下这样的诗句，表明心境：

险夷原不滞心中，何异浮云过太空。

夜静海涛三万里，月明飞锡下天风。

龙场在贵州西北万山丛中，蛇虺成堆，瘴疠流行，苦不堪言。王阳明到达时，没有住所，乃凿石为椁，日夜端居默坐其中。不久，他的三个随从因为水土不服病倒了，他只能亲自做饭，并照顾随从。这里的居民都是苗彝等少数民族，语言不通，但王阳明却与他们相处得很好。正是在这样孤寂的环境中，王阳明自忖，得失荣辱，皆可付之度外，唯生死一念，未能超脱。因而又想，若使古之圣人当此逆境，不知何以处之？一个夜间，他忽然大悟，"不觉呼跃，从者皆惊"，从此建立了与程朱学说完全不同的哲学，后人称此为"龙场悟道"。

王阳明"龙场悟道"就像佛祖在菩提树下悟道一样，已经不仅是对格物致知的新解释，也不仅是建立了知行合一的新学说，而是他对人的内在力量空前未有的强烈体验，"众里寻他千百度，蓦然回首，那人却在灯火阑珊处"。

那么他在龙场悟到的到底是什么呢？他觉悟到，人性自足，人性本善，要实现人性、达到至善，并不需要向外求理于事事物物，也不受外界条件的限制，而只要依靠人本来具有的本心，求理于吾心，致吾心之天理于事事物物，知行合一，就可以立登圣域。这就是说，做圣贤的功夫只是一个，这就是求理于吾心，在自己内在的精神上着力，"知行原是两个字说一个功夫"，心与理不可割裂，知和行不是两件事。如果像朱熹那样，提出向外穷理，要求无所不知、无所不能，要求知了以后再行，这种繁琐的办法是无法达到"人人皆可成圣"的目的的。这是王阳明切身的体验，也是他精神探索旅途上的一次灵光乍现。

关于知行合一的详细阐述首见于《传习录·上》徐爱所录，我们把它附译于下。

徐爱没有理解王阳明知行合一的学说，就去与同学黄绾、顾应祥讨论，讨论了好多次，还是有很多疑问不能解决，于是再次去请教王阳明。

王阳明说："你不妨举个例子来说明。"

徐爱问："现在世人都知道对父母应该孝顺，对兄长应该尊敬，但往往不能孝、不能敬，可见知与行是两回事。"

王阳明答："这是被私欲迷惑蒙蔽了，不是知行的本意。没有知而不行这回事，知而不行，只是未知。圣贤教给世人知行的道理，正是要回到知行的本意上去，不是像世人那种肤浅的理解。《大学》用'如好好色''如恶恶臭'来启示人们，什么是真正的知，什么是真正的行。看到美女是知，喜欢美女是行。在见到美女时就喜欢她了，不是在见了美女之后才想起来要去喜欢她。闻到臭味是知，讨厌臭味是行。闻到臭味时就讨厌臭味了，不是在闻到臭味之后才想起来要去讨厌它。一个人如果鼻子不好，就是臭味在跟前，也根本闻不到，更别说去讨厌它了。我们说某人'知'孝悌，绝对是他已经做到了对父母孝顺、对兄长尊敬，才能称为'知'孝悌。不是说他光说些'对父母要孝顺''对兄长要尊敬'之类的空话，就可以称为'知'孝悌了。什么叫'知'痛？绝对是他身体已经痛极了，才叫'知'痛。什么叫'知'寒？绝对是他身体已经冷极了，才叫'知'寒。什么叫'知'饥？绝对是他肚子已经饿极了，才叫'知'饥。你说说看，知与行怎么能够分开？这就是知与行的本意，一个人没有被私欲迷惑蒙蔽时就是这样理解的。圣贤教给世人知行的道理，一定是这样的，不是这样就不能称为'知'。既要真知，又要真行，这是多么紧要切实的工夫啊！现在有人煞费苦心，非要把知行说成是两回事，是什么用意？我要把知行说成是一回事，是什么用意？如果不懂得立言的宗旨，只管说什么'一件事''两件事'，那有什么用呢？"

徐爱又问："古人把知行分开来讲，也是为了让人们有所区分，知道既要从知努力、又要从做努力，只有这样，努力才有着落。"

王阳明答："这样理解就歪曲古人的意思了。我曾经说过这样两句话：'知是行的主意，行是知的功夫''知是行之始，行是知之成'。如果你们好好体会这些话的意思就知道，行包含在知之中，知也包含在行之中，二者是不能割裂的。古人为什么要把知和行分开来说呢？因为这个世界上有一种人，只知道稀里糊涂地任意胡为，根本不去思考琢磨，对这种人就要强调'知'的重要。这个世界上还有另一种人，只知道天马行空漫无边际地去思考，根本就不愿切实力行，对这种人就要强调'行'的重要。这正是古人为了纠正世人的偏颇，为了帮助他们全面完整地理解圣贤的教诲，没有别的办法才把知行二者分开来说的。如果你明白了这一点，就不会多说废话了。现在人们非要把知行分为两件事去做，认为必须先有知，然后才能行。他们天真地认为，等我失去坐而论道，把书本上的知识、把理论问题统统搞清楚了，再去实践也不迟啊。这些人终生不会投入实践、不会去'行'的，所以他们终生得不到真知、也不会'知'。这种糊涂认识不是今天才有的，这可不是一个小问题。现在我提出知行合一的学说，正是要对症下药，治这个病。知行合一学说不是我凭空想出来的。如果你们真正学懂弄通了知行合一学说的精髓要义，那么你们就是把知行分开来说也无关紧要，其实二者仍是一体。如果没有搞清楚，那么你们就是每天把知行合一念上一千遍，又有什么用呢？那才真是吃饱了撑的在这里说空话。"

四 致良知说

龙场悟道后，王阳明创立龙冈书院，正式颁布《教条示龙场诸生》，开始在流放的边鄙讲学，并以此为最大的快乐。1509 年，席书任贵州提学副使，聘请王阳明到府城讲学。1510 年，王阳明再升任庐陵县令，半年后调任吏部主事。1513 年，王阳明升南京太仆寺少卿，此时他讲学的规模又有很大的发展。

1516 年 9 月，因兵部尚书王琼的推荐，王阳明升任都察院左佥都御史，巡抚南赣、汀、漳。靖难平寇之伟业，即自此时开始。开始受命时，王阳明小心谨慎，自觉"将略平生非所长，也提人马入汀漳"。然而，大约只用了一年多时间，王阳明就先后平定了漳州詹师富、大帽山卢珂、大庾陈曰龙、横水谢志珊、桶冈蓝天凤、浰头沈仲容等部农民造反。平定寇乱之后，他又加强政治组织工作，建立"十家牌法"、设县治、立社学、改税政。他的仁政赢得万民爱戴，在他的治下，赣南长期存在的混乱局面得以消除，一直到明末的一百余年间，再也没有发生大规模的农民起义。然而，对于这些成绩，他却不以为然：

> 破山中贼易，破心中贼难。区区翦除鼠窃，何足为异？若诸贤扫荡心腹之寇，以收廓清平定之功，此诚大丈夫不世之伟绩。

话未落地，王阳明一生中真正的伟绩就拍马赶来了。1519年，赣南军事工作刚告一段落。6月，福建发生兵变，王阳明受命前往戡乱。6月14日，宁王朱宸濠在南昌发生叛乱。此时王阳明刚走到江西丰城，得知信息后，王阳明立即潜回吉安，上书告变，并邀约知府伍文定等商议。他们先用反间计使宸濠不敢出兵，随即汇集各地义兵积极准备。宸濠发现中计后随即带兵六万向南京挺进，途中围攻安庆。王阳明趁南昌守军单薄，便率领士卒八万直下南昌。待宸濠回师南昌，王阳明则驱兵迎战于鄱阳湖。7月26日，生擒宸濠。一场大叛乱，仅用 35 天，就这样被平定了。王阳明的豪雄盖世和奇智大勇，为他创造了古今儒者当中绝无仅有的奇功大业。

王阳明平定宸濠叛乱后，并没有得到及时的奖赏，而是遭到铺天盖地的毁谤和压制。早在 1519 年 3 月，明武宗就想南巡，因大臣反对没有成行。宸濠叛乱后，武宗又想趁机南巡，于是自命威武大将军带兵亲征。还没等武宗赶到江西，王阳明的捷报就到了，然而武宗仍然决定继续南下。武宗到达南京后，王阳明想到南京献俘。然而武宗宠信的宦官张忠和武将许泰竟劝王阳明释放宸濠，企图将宸濠放出后再与之交战立功。阳明恐遗祸百姓，不从。于是连夜赶到杭州将宸濠交给太监张永，自己则称病住到西湖净慈寺。于是，张忠、许泰等人便千方百计陷害王阳明，说他与宸濠私通信息，他的弟子冀元亨就这样被诬入狱而死。

在平定宸濠叛乱的全部过程中，王阳明的确是身经百死千难。宸濠叛乱后，王阳明仓促应变，强弱悬殊，稍有不慎，即有灭宗之祸。平乱之后，王阳明功在社稷，却身罹谗构，危疑汹汹，朝不保夕。正如当时人们所说："平藩事不难于成功，而难于倡义；不难于倡义，而难于处忠泰之变。"正是万千谨慎小心，才使王阳明越过了这样百死千难的处境，而化险为夷。这也使得王阳明更加坚定地相信他的良知学说，1521 年，王阳明明确断言："圣人之学，心学也。"又说："某于此良知学说，从百死千难中得来。"

近来信得致良知三字，真圣门正法眼藏。往年尚疑未尽，今自多事以来，只此良知无不具足。譬之操舟得舵，平澜浅濑，无不如意。虽遇颠风逆浪，舵柄在手，可免没溺之患矣。

又说：

"致知"云者，非若后儒所谓充广其知识之谓也。致吾心之良知焉耳。良知者，孟子所谓是非之心，人皆有之者也。是非之心不待虑而知，不待学而能，是故谓之"良知"。

"致良知"学说的提出，表明王阳明的哲学思想到达了成熟状态和它的顶峰。

1521年6月，武宗逝世，世宗即位，王阳明升任南京兵部尚书，10月封新建伯。1522年2月，王阳明的父亲王华去世，此后他便一直留在家乡，一边养病一边讲学。此时，朝廷中有人攻击王阳明的学说为异学，阳明学说遂被朝廷明令禁止。然而，通过创办书院和刻印文集，阳明学说仍然得到广泛的传播。

1527年5月，朝廷再次任命王阳明兼都察院左都御史，领兵讨伐广西思恩、田州的少数民族造反。此前，思恩士官岑濬与田州士官岑猛相杀，后被地方官平定，设置流官。岑猛旧部卢苏、王受等不服流官统治，聚众造反。王阳明奉命入境后，采取"用兵之法，伐谋为先；处夷之道，攻心为上"的策略，改征讨为招抚。卢苏、王受等闻讯主动请降，思田之乱不战而平。此后，王阳明又应当地民众请求，命卢苏、王受等立功自赎，带兵三千深入八寨、断藤峡平定少数民族叛乱，一月而平。

1528 年 10 月，王阳明肺病发作，在南宁上疏请求回乡养病。因为病重，没等朝廷批准，即启程回乡。急匆匆走到江西南安，就病故了。临终时，王阳明留下遗言："此心光明，亦复何言。"死讯传到京师，礼部尚书桂萼攻击他"擅离职役及处置广西思田、八寨恩威倒置"，且倡异学，"非朱熹格物致知之论"，于是朝廷决定停止王阳明的恤典和世袭，并申学禁。

王阳明曾说："仕途如烂泥坑，忽入其中，鲜易复出。"这话是说对了。然而，他却以不屈不挠的创造精神和一往无前的勇气，在自己的精神世界里反复探掘，使得我们跟他一起逃离了"心灵上的黑夜"。

阳明不朽！

吴承恩

神魔现实主义鼻祖 ≫≫≫

一 家世

吴承恩，字汝忠，号射阳山人，又自称蓬门浪士、淮海竖儒。吴家祖籍涟水，那是淮安府属下的一个县城。不知哪代开始迁居山阳，山阳是淮安府治所，紧靠京杭大运河。自从明成祖朱棣将漕运总督府设在山阳之后，这里就爆发式地兴盛起来，不仅繁华富庶，而且文采风流。在河下古镇这个弹丸之地，仅仅明清两朝，就雨后春笋般一下子冒出六十七名进士，而且状元、榜眼、探花都有，号称"河下三鼎甲"。吴承恩从小就生活在这样的城市和氛围中。

吴氏这一支并非大族，要往上追寻远祖很难。高祖吴鼎大概是在河下古镇做点小生意，人很精明，目光远大。在经历几代人艰苦创业之后，他决定让儿子吴铭读书，走科举之路。眼看这条路快走不通时，他又拿出一笔不菲的钱来，献给朝廷，为儿子谋得了一个浙江余姚县学训导的官职，俗称"纳捐"。后来，吴铭的儿子吴贞也走了这条路，出任浙江仁和县学教谕——职位比父亲要略高一点点。年过四十，吴贞带上梁夫人和四岁的儿子吴锐一起赴任。不久，一个晴天霹雳就落在了吴家。吴贞到任仅数月，便染疾而逝。母子只得回到河下，重新走上开杂货店的老路，以维持生计。因为家贫，吴锐上学很晚，但他终身喜爱读书，以至于"一市中哄然以为痴也"。因为像他这样每天抱本书坐在杂货店里如痴如醉地读，远不是一个生意人应有的行为，但他却不以为然。吴锐后来娶了徐夫人并继承了徐家的产业，徐氏为他生了一个女儿，即吴承恩的姐姐吴承嘉，比吴承恩大十来岁。吴家数代单传，人丁不旺，于是吴锐于壮年再娶侧室张氏。1506年，吴锐四十五岁时，张氏生下了吴承恩。吴锐中年得子，自是欢喜，何况这吴承恩有龙凤之姿，犹如上天的恩赐。

二 迷途

吴承恩自幼聪颖，有一个故事说，一群孩子在一起玩耍，一位老者叫他们画一只鹅，吴承恩三下两下就画完了，老者说："这不像鹅啊？白毛浮绿水，红掌拨清波。"吴承恩笑了："这是天鹅呢!"

吴承恩少年时代即以诗文和制义扬名，以致当时的督学使者说，吴承恩要想得个功名就像在地上拾根草一样轻而易举。此外，他还善画、善书、善弈，能够把字写到自成一体，把画涂抹到以假乱真，把棋下到国手一级，这是怎样的才情和天赋！然而，很可惜，这些才艺都是非主流的，对于科举一点帮助都没有，甚至有毒副作用。

　　吴承恩十七岁中秀才，二十岁第一次参加乡试，不中；二十三岁第二次参加乡试，仍不中；二十六岁（1531年）与同乡好友沈坤、李春芳、朱曰藩一起参加应天乡试，三人皆中举，唯独吴承恩落第。后来，沈坤于1541年中状元，成为淮安府历史上首位状元；朱曰藩于1544年中进士；李春芳于1547年再中状元。吴承恩从十七岁进学开始，到四十五岁宣布放弃为止，理论上有九次参加乡试的机会，他实际上参加了大约六七次，但这六七次机会，他都没有抓住。其原因恐怕只能是：受天赋所累，为文学所困。

　　那么，吴承恩一天到晚在想些什么呢？他把自己的天才都用到什么地方去了呢？答案是：他关心的是他的《禹鼎志》《花草新编》《二郎搜山图歌》，他的心底充满神游四海、心骛八极的文学情愫，他无时无刻不在幻想着鬼魅的世界、创造着神话的传奇。试问，这样的才情和个性能够考中科举吗？绝无可能。科举是什么？科举是政治，是意识形态，是"代圣人立言"。科举不需要形象思维，不需要讲故事，更不需要创造的天才。在《禹鼎志序》中，他这样写道，我自幼就喜欢奇闻，在私塾读书时，常常偷看稗官野史、志怪传奇，"几贮满胸中矣"。这是不打自招了。然而，没有这样长期的训练和准备，哪来《西游记》？

当然，吴承恩对于自己没有考中科举还是很内疚的，在他第三次落第后，他的父亲吴锐便含恨去世了。为此，他一违俗制，亲自为父亲撰写了墓志铭。这篇充满自责的《先府宾墓志铭》一开头便是：

嗚乎！孤小子承恩不惠于天，天降严罚，乃夺予父。然又游荡不学问，不自奋庸，使予父奄然没于布衣，天乎？痛何言哉！天乎？痛何言哉！嗚乎！有父生不能养，今没矣！

这不是直接跪在乃父的灵前，扇自己的耳光吗？他不能原谅自己。父亲一生的压抑、一生的期望不就是要他考取一个功名吗？如今，父亲含恨而去了，他感到一种刻骨铭心的痛，一种不可言说无法宣泄的痛，一种永难弥补的痛。这是他们父子二人的对话，是吴承恩对他父亲的道歉和忏悔。

三 游戏

除了科举，明清的人才选拔制度还有贡举一途，就是从大量屡考不中的府学县学生员中选出一些优异者（一般府学每年二人，县学每年一人），进入国子监学习一段时间，就可以在吏部等候铨选，出任地方佐杂小官。经贡举得到的官职虽然小点，但也属正途出生。

当吴承恩彻底放弃科举的远大理想后，入贡就成了他最后一条体面出路。四十五岁那年，吴承恩幸运地争得了一个府学岁贡生的名额。由于入贡需要在吏部办理一定的手续，再加上也有少数岁贡生凭关系可以直接选官，吴承恩遂于1550年春夏间第一次进了京城，去找他的那些当大官的朋友。就在这当口，他和叶氏夫人所生的独子吴凤毛却夭折了，于是他只得中断京师谒选，急匆匆地回家来。

此后，他被编入南监学籍，一边读书一边等待机会。但他并没有即刻去南京，而是延宕了好几年。直到1554年沈坤调任南京翰林院任职后，他才随行至南京国子监读书。从此，他开始了与何良俊、文彭、朱曰藩、沈坤等人长达十年的诗酒流连。1564年，吴承恩五十九岁，这一年轮到他福星高照，一个命中注定会帮助他的人出现了，这就是李春芳。严嵩父子倒台后，此时李春芳已任吏部侍郎加礼部尚书衔，正春风得意。他写了封信，敦促吴承恩来京谒选。1565年底，吴承恩得到了浙江长兴县丞的正式任命，次年赴任。

他的顶头上司就是赫赫有名的归有光。归有光成名很早，自视甚高。有一个故事说，当时主盟文坛的王世贞以"文必秦汉，诗必盛唐"的口号叫响京城，归有光却毫不客气地在公开场合斥其为"妄庸人"。王世贞哈哈一笑："妄是有的，庸则未必。"归有光不屈不挠："正因为你妄，才说你庸，天下没有妄而不庸的人。"一点面子也不给。1565 年，归有光进士及第，除授长兴知县。老天爷要将两个六十岁的老书生安排在一起，而且又都是第一次做官，似乎有种恶作剧式的天真浪漫。

　　1567 年秋，归有光接到命令，即刻进京述职，政务交由署印（也称摄令）代管。冬十二月，长兴出事了，署印与县丞因贪赃枉法，被湖州府拘捕下狱。实际上，署印和县丞都是自首的，他们并没有贪污，而是为了躲避更严重的一桩罪状——延误征粮。之所以发生这种情况，则是因为归有光拒绝按照上级指示推行里递制，以代替难以实行的粮长制，等他一离开，粮长制就实行不下去了。案件的处理是很迅速的，吴承恩在李春芳、徐中行等人的帮助下，侥幸逃脱罪责，调任湖北蕲州荆王府纪善一职，仍是八品衔。归有光则被调往顺德府任通判，这是一次严重的贬抑。归有光太正直、太清高，与世道格格不入，又太有名、太坚强，而别人难以撼动，所以他在复杂的官场只能处处碰壁。

　　1568 年春，吴承恩来到蕲州荆王府。他在这里受到了礼遇，放开了怀抱，获得了顿悟，在他心中酝酿了大半生的《西游记》就要破茧而出了。《射阳先生存稿》里有一阕词，简直就是吴承恩开笔创作《西游记》的宣言，词曰：

　　玄鬓垂云，忽然而雪，不知何处潜来？吟啸临风，未许壮
心灰。严霜积雪俱经过，试探取梅花开未开？安排事，付与天
公管领，我肯安排。

　　狗有三升糠份，马有三分龙性，况丈夫哉！富贵无心，只
恐转相催。虽贫杜甫还诗伯，纵老廉颇是将才。漫说些痴话，
赚他儿女辈，乱惊猜。

　　这"痴话"一定是《西游记》！老人家已经等了好久，现在借
着这清闲、这晚景，可以放开了想、狡黠地写，然后藏之名山、传
之后世。

　　大约两三年间，吴承恩一口气写完了这部空前绝后的巨著。然
后，他慎重地用油纸把书稿包好，交给了樊山王朱载垟。他希望二
十年后，樊山王会兑现曾经许下的诺言，把书刻印出来，贡献给这
个世界。到那时，他或许已经不在人世了。身后是非谁管得？漫留
世人"乱惊猜"。

　　办完这件事，吴承恩老先生打了一份辞职报告，回乡了。据
说，黯然神伤的王爷特意赐给他一名婢女。在后来发掘的吴承恩墓
冢中，有一年轻女子的骨骸，很可能就是王爷赐给他的那个婢女。

　　吴承恩没有子女，几乎是铁定的事实。文献说他"绝世无继"，

死后"其稿与所藏，泯灭殆尽，而家无炊火矣"。吴承恩晚年唯一的安慰和寄托是教导他的表外孙丘度。这需要补叙一下吴承恩的姐姐吴承嘉后来嫁入沈家，生一女沈氏，沈氏嫁丘岚，生一子丘度，丘度就是吴承恩的表外孙。1576 年，丘度中举，次年春闱连捷，中进士。1590 年，吴承恩去世十年之后，丘度搜集整理了吴承恩的部分诗文，编为《射阳先生存稿》，刊布于世。1592 年，金陵世德堂《新刻出像官板大字西游记》首次面世，没有任何署名。

四 幻想

《西游记》是吴承恩的伟大创造，是他的幻想、神话和寓言，也是他的诗学、哲学和喜剧。套用荣格的一句话："不是歌德创造了《浮士德》，而是《浮士德》创造了歌德。歌德只是把埋藏在每个德国人心底的浮士德的影子抓了出来罢了。"对于吴承恩与《西游记》，我们也可以这么说。吴承恩所创造的孙悟空和猪八戒这两个人物形象，数百年来像恒星一样难以磨灭，其实就是我们每个中国人心底的影子，是我们的幻想和希望、现实和日常。

孙悟空是什么？孙悟空是我们这些生活在尘世里的人不可触及的梦。他是个游戏主义者，在他眼里，人生的意义就在于自由地玩耍。只要他高兴，他就可以上天入地，无法无天。他不理睬天宫神圣不可侵犯的说教，抢起金箍棒，打上灵霄宝殿，闯入兜率天宫，把天宫闹了个不亦乐乎。他不相信生死定数、六道轮回，偏要打入冥司，拿起笔来勾掉了生死簿上自己的名字。他不承认天子独尊、下不犯上，全不把天宫里那些位尊势大的统治者放在眼里，就连在玉皇大帝面前，他也绝不恭敬。你看他飞天钻地，呼风唤雨，变这边那，一个筋斗能翻出十万八千里远，一根金箍棒晃一晃就碗口粗细、数丈长，可是一变又会变得小如绣花针可以放在耳朵里，这是可能的吗？当然这在现实中是绝无可能的。但在我们的想象里，这却是绝对真实的，我们都曾这样幻想过。这泼猴儿富有灵性，顽皮，好恶作剧，永远精力充沛，永远充满斗争精神，因此不能永远严肃地追求智慧和魔力，他是个不可救药的游戏主义者。

猪八戒则是一个彻头彻尾的现实主义者和享乐主义者，他是人间的喜剧，象征着我们的感官生活。他出奇地滑稽，除了饱食终日和与女人厮混外，便没有其他的野心。如果他得到正当的鼓励，奔着世俗成功和家庭生活满足这两个目标而努力，他可能会变得严肃些。但他在路上就堕落了，并且似乎从未奢望达到目标。在他眼里，唐僧这个执迷不悟的理想主义者是荒诞的——去甚西天取甚经！在家伴着老婆劳动致富奔小康才是正经。八戒用粗俗和浅薄消解了崇高，厚颜无耻而又兴高采烈。盘丝洞的故事很有意思，孙悟空发现七个女妖精在濯垢泉洗澡，打死她们吧，怕被人疑心，"低了名头"，于是他毫不犹豫地把这桩不太名誉的事交给八戒去做。八戒则毫不在乎，抖擞精神、欢天喜地地去了。但他并不急着打妖怪，而是先同她们调笑一阵，一会儿又变作一条鲇鱼精，在七个女妖精的裤裆里乱钻。妖精总归是要死的，她们那么漂亮，打死之前占点便宜也不亏了谁，这是猪八戒的哲学，是他的人生态度和生活方式，他不在乎意义，也不管是否正经，他只需要眼前的乐子。

《西游记》跟《水浒传》《三国演义》一样，它的故事是经过长期的流传和许多人的记述或创作，最后由一位天才作家作了总结性的再创作而后写定的。吴承恩在借用或加工那些形形色色的人物和情节时，始终严格地使这些故事隶属于去西天取经这个主题，始终对唐僧师徒四人保持滑稽有趣的叙述，这就证明了作者无与伦比的创作才能。那么，去西天取经又是一个怎样的隐喻呢？

《西游记》第九十一回写到，唐僧师徒到达天竺国外郡金平府，唐僧对慈云寺的和尚说自己来自中华唐朝，不料那和尚倒身便拜，无限崇敬地说："我这里向善的人，看经念佛，都指望修到你中华地托生。"千辛万苦来到西天，西天的人却一心想要投生到东土大唐。这真是东来西往，一场空忙！但事情并没有那么简单。唐僧师徒到西天取经这史诗般的朝圣旅行，是我们精神的朝圣之旅和尘世修行的过程。

孙悟空代表的是唐僧的心。孙悟空有七十二般变化，我们的心也有"七十二般变化"，可以去我们想去的任何地方。孙悟空的所有本领就是我们不受约束的心的变相，这颗心的创造力和破坏力都很强大，所以才要用紧箍咒来约束它。

猪八戒代表的是唐僧的欲望。猪八戒看到金钱、美色、美食都会犯错，可是唐僧并不会去管猪八戒，也不说他。我们对自己的欲望犯下的错误总是会比较宽容一些。

沙僧代表的是唐僧的理性和逻辑。沙僧的名言是："师傅，二师兄被妖怪抓走啦！""大师兄，师傅被妖怪抓走啦！"他说的每一句话都是对的，但都是废话，而且很无趣。他的任务就是挑着担子，无怨无悔地跟着走。

孙悟空和牛魔王是好兄弟，原本都是山野的妖怪，无法无天。孙悟空跟着唐僧去西天取经，一路修行，最后成为斗战胜佛；牛魔王没有经过磨炼，所以还是原来的心性，未能摆脱"妖怪"的身份。

我们的心如果没有经过修炼，时时刻刻处于原始状态，就不会有澄澈清明的时候。只有修成正果，才会真正不受约束，获得大自在。

在《西游记》的最后，孙悟空修炼成佛后，对唐僧道："师父，此时我已成佛，与你一般，莫成还戴金箍儿，你还念甚么紧箍咒儿揝勒我？趁早儿念个松箍儿咒，脱下来，打得粉碎，切莫叫那甚么菩萨再去捉弄他人。"唐僧道："当时只为你难管，故以此法制之。今已成佛，自然去矣。岂有还在你头上之理！你试摸摸看。"孙悟空举手去摸一摸，果然没了。

汤显祖

戏剧"梦幻"大师　》》》

　　像是几笔疏疏朗朗的波浪线似的，那远远近近的山冈起伏着，很是写意，广阔的抚河穿过原野，向远处流去。

　　抚河古称汝水，并不是一条大河。那城郭临水而建，就叫临川，也不是一个大邦。然而自从谢灵运元嘉八年出任临川内史以来，这里的文采风流就兴盛了起来。到了宋代，晏殊晏几道父子先后崛起于词坛，而生于斯长于斯的王安石更是将江西临川这个名字传播得既深且广。到了明朝，这里又出了一个大文豪汤显祖，写出了震古烁今的艳曲《牡丹亭》，这前前后后数百年风流，岂不令人神往？

一　神童

　　1550 年 9 月 24 日清晨 5 时许，汤显祖降生在抚州府城东汤家祖居文昌里。汤家祖上四代都是秀才，在当地很有名望，却没有做官。他的母亲吴氏是个读书识字的女子，体弱多病，受母亲的影响，汤显祖从小就瘦弱多病。汤显祖天资聪颖，有神童之名，他的家族似乎从他身上看到了光宗耀祖的希望，因此从小就对他施以严格的教育，这也导致他的童年缺少生趣。

十四岁时，汤显祖补入临川县学为诸生，也就是秀才。进学之后，汤家对他的教育更是不遗余力，他的教师都是当时当地所能物色到的最好老师。徐良傅是邻县东乡人，中过进士，曾任吏科给事中，后因得罪首相夏言革职为民，在他生命的最后两三年，他接受汤显祖为弟子，将其一生所学尽数传授于他。汤显祖的另一位老师罗汝芳是左派王学的巨子，罗汝芳晚年回到家乡江西南城讲学，汤显祖和安徽宣城的沈懋学是其学生中的佼佼者。汤显祖受学于罗汝芳的时间并不长，但影响是深远的。

二十岁那年，汤显祖遵从父命，与邻县东乡人吴氏结婚。二十一岁，汤显祖参加江西乡试，取中第八名举人。这时的他得意非凡，意气飞扬，仿佛功名的大道已经为他敞开，他想象着有朝一日为国家建功立业，然后退居林下。然而，次年春试，汤显祖落第。再过三年，又落第。后面又考了两次，仍然落第。直到张居正去世后，汤显祖才于1583年以第三甲第二百十一名赐同进士出身，这时他三十四岁了。

这中间有个缘故。科举考试是否顺利，并不表示一个人的真才实学，甚至难以见出八股制艺的高下。1577年，当朝首相张居正为了显示公正，准备物色汤显祖、沈懋学作为自己的儿子高中科第的陪衬。当张居正派他的弟弟张居谦出面相邀时，汤显祖却婉言谢绝了，只有沈懋学如期赴约。最后的结果是沈懋学高中状元，张居正的儿子张嗣修高中榜眼，汤显祖却名落孙山，他愤愤地说："天地逸人自草泽，男人有命非人怜。"

从这一次开始，我们慢慢会发现，一般人都是从少不更事的狂妄自许磨炼成历经世事的圆通老成，汤显祖恰恰相反。他是从少年时的循规蹈矩一变而为成年时的独立不羁，前后相比简直判若两人。这是他的与众不同之处，也许这就是生活的辩证法吧。

1580年，汤显祖第四次前往北京参加春试。首相张居正的儿子张懋修一再屈驾到旅舍里看望汤显祖，汤显祖自恃清高，不愿通过歪门邪道登上仕途，说"吾不敢从处女子失身也"。结果张懋修状元及第，汤显祖再一次黯然而归。

在中进士之前，汤显祖已经出版了三本诗集，并且在家乡试作了《紫箫记》传奇。同时代的大文豪徐渭读到他的第三本诗集《问棘邮草》时，赞赏备至，并且仿照他的《芳树》作了一首《渔乐图》。《芳树》全诗三十六句，中间十二句"芳"字出现二十三次："也随芳树起芳思，也缘芳树流芳眄。难将芳怨度芳辰，何处芳人启芳宴？乍移芳趾就芳禽，却浣芳泥恼芳燕。不嫌芳袖折芳蕤，还怜芳蝶萦芳扇。惟将芳讯逐芳年，宁知芳草遗芳钿。芳钿犹遗芳树边，芳树秋来复可怜。"这首七言歌行有意识地重复使用"芳"字，看似文字游戏，读起来却音节浏亮，意象回环，这是需要才气的。

需要提一笔的是，汤显祖娶妻九年，接连生了三个女儿，其中两个还过早地夭折了。按照当时的习俗，他又续娶赵氏为妾。等到他第五次赴京应试之前，吴氏夫人去世了，所以他又娶了北京人傅氏为妻。

二 狂奴

中进士后，汤显祖又拒绝另外两位执政张四维和申时行的结纳，一直在礼部等待分配。1584 年 7 月，汤显祖带着新娶的妻子傅氏一同南下，到南京太常寺这个冷衙门去做一名见习官。他的官职是太常博士，正七品小官，主管祭祀礼乐，实际上很少有公务可办。来到南京后，汤显祖不改其志，喜与"气义之士"交游，而对执政者则抱不合作态度，他目空一切的批评指画，为统治阶级的正人君子所侧目，被人称为"狂奴"。很快地，他就受到别人的攻击，于 1588 年被调任南京詹事府主簿，这是一个空衙门，编制上只有他一名官员。

在这段备受冷落的日子里，汤显祖开始删改七八年前没有写完的《紫箫记》传奇，将其改写成"临川四梦"之一的《紫钗记》。

《紫钗记》的故事情节取材于唐代蒋防的《霍小玉传》，通过汤显祖的改编，成为一个全新的创造。在上元节灯月交辉的晚上，霍小玉与李益初次相见。趁坠钗、拾钗的机缘，两个年轻人倾吐了彼此的爱慕。后来李益上京赶考、久久不归，霍小玉仍然痴情一片，并不绝望。尼姑和女道士的花言巧语在她的心里燃起了希望的火焰，她以变卖首饰的大部分所得作为布施，为的是祈求神灵护佑。为了寻访丈夫下落，她只得把紫钗也卖了。她一旦知道卢太尉小姐要和李益成亲而把紫钗买去插戴时，便把卖得的百万钱财全部撒在地上。当她的友人义形于色要前去责备李益时，她又把这些钱财送给他作为酒资。为了爱情，她什么都可以割舍。这一光辉形象是石破天惊的，她完全是自己的爱情的主人。

1590 年冬，汤显祖和真可和尚在南京刑部员外郎邹元标的寓所第一次会见。真可是当代禅宗大师，与李贽并称两大教主。此后他对汤显祖思想影响之深刻，无人可以相比。因缘起于 1570 年汤显祖考中举人后，到西山云峰寺去。薄暮时分，汤显祖在寺门外莲池旁解下头巾，略作休息。不料一枚束发的簪子落到水中，投簪（散发）有归隐的含意，喜欢舞文弄墨的年轻人一时兴起，随口吟了一首小诗题在粉壁上：

搔首向东林，遗簪跃复沉。

虽为头上物，终为水云心。

后来，这诗被真可和尚看见，诗中所表示的对功名富贵的超然态度引起了他的注意，他认定汤显祖"受性高明，嗜欲浅而天机深，真求道利器"。这一等就是二十年。真可思想泼辣，不受拘束，他宣称朱熹哲学只能流传五百年，现在正是寿终正寝之时；他又批判朱熹哲学以理而不以情为依据，简直荒谬绝伦。这些直接痛快的言论，"佻达少年骤闻，无不心折"。汤显祖和真可和尚一见倾心，引为知己，这是可以想见的。真可为他受记，取法名为寸虚。

1591年3月20日晚，彗星出现在西北天际。很快，皇帝下诏要求群臣修德反省。消息传到南京，汤显祖天真地以为皇帝要振刷政治、励精图治了。于是他连夜草拟了一道《论辅臣科臣疏》，上奏北京。汤显祖的奏疏尖锐地指出，目前言官之所以噤若寒蝉，不敢作声，是由于申时行专权。辅臣专权，顺之者昌，逆之者亡。万历即位以来，"前十年之政，张居正刚而有欲，以群私人嚣然坏之；后十年之政，申时行柔而有欲，又以群私人靡然坏之"。这就是汤显祖对当前政治的评论。奏章有如晴天霹雳震动朝廷。申时行赌气不上朝视事，皇帝只得一面下诏切责汤显祖，一面下诏劝慰申时行。不久，汤显祖被贬官到广东雷州半岛南端徐闻县做典史。九月，首相申时行辞职。严格地论起来，这是汤显祖政治上的左派幼稚病，也是明朝政治不上轨道的反映。汤显祖没有机会受到很好的政治历练，他也就不可能在政治上有所建树。对他个人来说，他逐渐失去对封建朝廷的幻想，继续向人民靠拢，走上了一个正直的古典作家的道路，绽放了异彩。

三 茧翁

贬官后，汤显祖从南京启程，溯长江回江西。在家乡作短暂停留后，即一路游山玩水往徐闻而来。他在赣州郁孤台和友人话别，越大庾岭，过梅关，在保昌上船，顺浈水、北江而下，经始兴、韶关、曲江、曹溪，一路到达广州，然后绕道罗浮山游览，从广州舟行至澳门，经恩平到阳江出海，满帆的海风送他到了琼州海峡，船过徐闻靠不了岸，一直漂到涠洲岛。汤显祖在徐闻停留了半年，他在徐闻并不需要执行典史的职责，这个官职只是表明他现在的身份。

1593 年 3 月，汤显祖来到浙江处州府遂昌县做知县。到任才三天就去瞻谒孔庙，并决定营建文武合一的射堂和书院，后又修建尊经阁（相当于现在的公立图书馆），大兴文治。汤显祖自言治理遂昌的情况是："斗大遂昌，一以清净理之。去其害马者而已。" 1595年，汤显祖到北京上计，也就是全国地方官三年一次的进京述职。北京上计归来，汤显祖了解到返回朝廷的希望已很渺茫，于是产生了退隐的念头。此次北京之行他的最大收获是会见了公安三袁——袁宗道、袁宏道、袁中道，他们在文学创作和文学主张上互相给予肯定和鼓励，情意是很真挚的。1598 年，汤显祖四十九岁。古人云：五十而知天命。是年，汤显祖向吏部告长假还乡。从遂昌弃官归来之后，汤显祖新买了一所旧宅，恰好和他家的学塾连成一片，这才奠定后来玉茗堂的格局。在这所宅子里，汤显祖于四年之内完成了三"梦"——《牡丹亭还魂记》《南柯记》和《邯郸记》，并且系统总结了他的戏曲创作主张——至情论，成为他一生中最为流光溢彩的黄金收获期。

1601 年，朝廷才正式将他免职。此后，他以"茧翁"自号，自缚于玉茗堂小天地里，演出他内心波澜壮阔的至情至梦。《牡丹亭》第十出"惊梦"里唱道："袅晴丝吹来闲庭院，摇漾春如线。"这个"晴丝"当然是指春天里的柳絮、柳丝，但又何尝不是作者的情丝恨缕、春梦闲愁？

1601 年，汤显祖的全部戏曲创作已经完成，这时离他去世还有十五年。他的晚年是孤独的。在最后的日子里，他深情地写了一篇《负负吟》，感叹自己的成就赶不上师友的期望。1616 年 7 月 29 日，汤显祖卒于家中。同年，莎士比亚去世。日本学者青木正儿在他的《中国近世戏曲史》中第一次将汤显祖和莎士比亚相提并论，汤显祖从此被誉为"中国的莎士比亚"。

四 巨匠

汤显祖以"临川四梦"而享有盛名。在中国戏曲史上，金元杂剧和明清传奇前后辉映。金元杂剧的代表作家首推关汉卿，代表作品则非《西厢记》莫属，明清传奇的代表作家和代表作品则归属于同一个人，这就是汤显祖和他的《牡丹亭》。一代有一代之文学，唐诗的时代是属于李白、杜甫的，宋词的时代是属于苏轼、辛弃疾的，元曲的时代是属于关汉卿、王实甫的，明清传奇的时代则是属于汤显祖、孔尚任的。

《牡丹亭》的剧情梗概如下：杜丽娘是南安太守杜宝的爱女。她私游花园，在梦中和书生柳梦梅幽会，从此怀想成病。弥留之际，她要求将她的自画像殉葬。杜宝升官离任后，岭南书生柳梦梅路经梅花观，拾到画像，和杜丽娘的幽魂成就好事。柳梦梅掘墓开棺，杜丽娘起死回生，两人结成夫妇，同往临安。杜宝升任安抚使，镇守扬州，被金兵围困。陈最良原是杜丽娘的塾师，他发现杜丽娘的墓被发掘，柳梦梅又不告而别，就前往扬州告发柳梦梅盗墓之罪。柳梦梅在临安应试后，恰逢金兵南侵，延误放榜。于是他受杜丽娘之托，去向岳父送信，报告女儿回生之喜。柳梦梅和陈最良聚在一处，杜宝以盗墓之罪将柳梦梅扣押，并拷打。此时考试揭晓，柳梦梅高中状元。杜宝还朝，官居宰辅，他认为还魂之事纯属妖妄，拒绝和女儿女婿相认。最后经皇帝调停，才得团圆。

杜丽娘是中国古典文学中最可爱的少女形象之一。她的人生第一课是《诗经·关雎》，塾师说咏的是后妃之德，但是不按封建道德标准而思想的杜丽娘直觉地认出这是一首热烈的情歌。这次启蒙教育的结果就是《惊梦》。在婢女春香的怂恿下，她偷偷地离开长年拘束自己的绣房，第一次看见了真正的春天，也第一次发现自己的生命和春天一样美丽。大自然唤醒了她的青春活力，然而，"原来姹紫嫣红开遍，似这般都付与断井颓垣。良辰美景奈何天，赏心乐事谁家院"。她眼看青春即将逝去，而自己却无能为力。一番雨疏风骤之后，爱情带来的火焰耗尽了她的生命。《牡丹亭》以杜丽娘之死写出了她要追求爱情是不可能的，她死于对爱情的徒然渴望。汤显祖之所以这样写，是因为这是铁一般的现实，他是一个特别清醒的现实主义作家。杜丽娘是一个爱青春、爱生命、爱自由的人，正因为如此，她就注定要被毁灭，或者是改变她的爱好，或者是被毁灭，二者必居其一。那么，作者为什么又要让她还魂呢？这是作者的理想，是他的梦幻，是他的浪漫主义。汤显祖在《题词》中写道："如丽娘者，乃可谓之有情人耳。情不知所起，一往而深。生者可以死，死可以生。生而不可与死，死而不可复生者，皆非情之至也。……自非通人，恒以理相格耳！第云理之所必无，安知情之所必有邪！"如果不如实地写出杜丽娘的死，汤显祖就不伟大；如果不梦幻地写出杜丽娘的生，汤显祖就不伟大；既写出杜丽娘的死，又写出杜丽娘的生，汤显祖才显出他异样的伟大来。没有梦的世界，不可想象；没有情的人生，不值得活。

相比于杜丽娘这个伟大创造和光辉形象，柳梦梅的形象就显得模糊不清和缺少光彩，婢女春香也没有《西厢记》里的红娘那样充满反抗精神和思想深度，我们也就不去说了。

汤显祖历来被认为是文采派的代表，他那奇丽动人的文辞曾经电击一般地魅惑了无数青年的心。《红楼梦》第二十三回艺术而又真实地再现了这样的情形：

这里林黛玉见宝玉去了，又听见众姊妹也不在房，自己闷闷的。正欲回房，刚走到梨香院墙角上，只听墙内笛韵悠扬，歌声婉转。林黛玉便知是那十二个女孩子演习戏文呢。只因林黛玉素习不大喜看戏文，便不留心，只管往前走。偶然两句吹到耳内，明明白白，一字不落，唱道是："原来姹紫嫣红开遍，似这般都付与断井颓垣。"林黛玉听了，倒也十分感慨缠绵，便止住步侧耳细听，又听唱道是："良辰美景奈何天，赏心乐事谁家院。"听了这两句，不觉点头自叹，心下自思道："原来戏上也有好文章。可惜世人只知看戏，未必能领略这其中的趣味。"想毕，又后悔不该胡想，耽误了听曲子。又侧耳时，只听唱道："则为你如花美眷，似水流年……"林黛玉听了这两句，不觉心动神摇。又听道"你在幽闺自怜"等句，亦发如醉如痴，站立不住，便一蹲身坐在一块山子石上，细嚼"如花美眷，似水流年"八个字的滋味。忽又想起前日见古人诗中有"水流花谢两无情"之句，再又有词中有"流水落花春去也，天上人间"之句，又兼方才所见《西厢记》中"花落水流红，闲愁万种"之句，都一时想起来，凑聚在一处。仔细忖度，不觉心痛神痴，眼中落泪。

汤显祖和同时代的莎士比亚一样，很少自己动手编造故事。他们似乎都认识到质朴的古代传说和小说中蕴藏着取之不尽的题材，可以随意发掘并琢磨成价值连城的珍宝。《紫钗记》脱胎于唐人小说《霍小玉传》，只加强了黄衫客的作用，并改变全剧的结局。《牡丹亭》取材于话本小说《杜丽娘记》，只把门当户对的婚姻改成相反。《南柯记》和《邯郸记》干脆就没有对唐人小说《南柯太守传》和《枕中记》作出任何明显的增删，就和作者的创作意图浑然一体了。

《邯郸记》写卢生的仕途，讽喻是不言而喻的。先是借重孔方兄考取状元，任为知制诰，却因偷写夫人诰命贬为陕州知州；刚以治河有功升为御史中丞兼任河西陇右四道节度使，挂印征西大将军，勒石记功，封定西侯，加太子太保兵部尚书同平章军国大事，忽又被控"交通番将，图谋不轨"而处斩，后改充军崖州鬼门关；最后功劳大白，钦取还朝，尊为上相。忽升忽降，都由不得自己作主，甚至也不取决于功过和成败。这就是官场的真面目，功业和权势到头来一文不值。

《邯郸记》的曲文也是好的，第二出《行田》的"破齐阵"：

极目云霄有路，惊心岁月无涯。白屋三间，红尘一榻，放顿愁肠不下。展秋窗腐草无萤火，盼古道垂杨有暮鸦。西风吹鬓华。

这首曲词犹如晚秋的山林，浮花浪蕊都已经落尽，明净简洁到了极点，然而并不枯槁。不加修饰的外表下，蕴藏着丰沛的内在美。头两句形容卢生科举失意，实际上也是作者自己的真实感受。极目而望才隐约有路，实际上是无路。前途渺茫而人生短暂，何时才有出头之日呢？第六七两句化用李商隐《隋宫》诗句，苦读的寒士连萤火也没有，写出穷困之至，却还在梦想着考中状元，为朝廷效力。啊，一眨眼西风吹白了鬓发！

品中国古代文人

清

蒲松龄

纳兰性德

蒲松龄

于热场中作冷淡生活 »»»

74 岁时，蒲家请当时有名的画家朱湘麟给蒲松龄画了一幅小像。

从他的高颧骨、大鼻梁，可以想见他高大魁梧的北方男子模样。他一手拈着稀疏的胡须，一手轻搭着椅子的扶手，双目灿灿若岩下电，仿若有所思。

他的画像中有一丝不易察觉的害羞。从这一丝丝害羞，我能感觉到这个魁伟的男子有一颗细腻丰润的内心，有一种始终知道自己是谁的自知与谦卑。

他自题小像，题词中表达了光阴虚度而功名无成的歉疚，表达了他本不愿着贡生服画像的无奈。这个贡生名衔，是他 72 岁时通过递补考试才得到的，是他一生追求科举的终极。

是的，他一生热衷科举功名，却一生功名不得意。

他一生想跻身官途以求闻达，却一生只是一个穷学究。

科举、坐馆、写书，是他一生中的三件大事，也构成了他一生的轨迹脉络。

科举是社会层面的要求，是他一辈子的梦想和希望，是他活着的动力所在。坐馆是生活层面的要求，是他生存下去的具体方式和手段。写书是精神层面的要求，是他在这个茫茫尘世中为自己建立的精神花园，是他抒发情感的幽秘渠道。

于热场中作冷淡生活，这是他对自己的评价。热衷功名，热衷富贵，而功名富贵却始终在遥远的地方。混迹于官场做幕僚，栖身于名园作西宾，看惯了红尘和名利场上别人上演的炙热，他只能在冷冷的角落编织着虚无幽冥的梦。

所幸的是，他在黑暗中汲取了光亮，温暖了自己，也照亮了别人。

一 科举：期许跃龙津

蒲松龄 1640 年 4 月生于山东。这一年，山东大旱，人相食。这一年，距明朝灭亡还有 4 年。

他出生前几年，李自成、张献忠率领的农民起义如火如荼。

他出生后 3 年，清兵焚掠山东。

饥馑相逼，战乱频仍，天灾与人祸相继。

一个个体的人，在历史的宏大背景下，过于渺小，过于单薄。

对世世代代生活在底层的普通大众来说，改朝易代，对他们而言也许只是换了一朝天子一朝臣。生活，还是得一如既往地继续。而大时代在小人物的生命中留下的印迹，也许要等很长很长一段时间，才能显现出来。

在山东淄川县距城东大约七里有一个村庄，这便是蒲松龄的出生地。这个庄子东面有个井，深丈许，水常满溢，故而叫"满井"。村边有溪，"水清以冽，味甘以芳"，溪边有几棵古老高大的柳树，沿着溪水两岸，温柔地将溪水轻拂，此村因之又名"柳泉庄"。

蒲松龄热爱自己的故乡，多年以后，他以"柳泉居士"为号，对故乡丝丝缕缕的眷恋，就这样镌刻在他的生命和血肉里。

在这样一个秀丽的小村庄里，外面世界里的喧嚣扰攘仿佛不曾影响到在这里繁衍生息的子民。和大多数人一样，蒲松龄出生以后，读圣贤书，走科举路，早已成了父亲自然而然光耀门楣的期许。

蒲松龄祖上，世代皆是地主。高祖、曾祖都是读书人，功名不显，多为廪生、庠生之类。祖父生汭有四个儿子，老三蒲槃便是蒲松龄的父亲。他甚爱读书，但一直连秀才也考不取，无奈之下，只得改做生意。没想到生意做得挺不错，在乡里也称得上是富家了。但在他心中，一直不忘读书，一直不忘光耀门楣。做商人终究是被人轻视的，要想获得社会地位，必须靠科举取仕。他在做生意之外，不忘研经读史，腹内学识不输读书人。但命运好像在跟他开玩笑，一直到四十岁他还没有子嗣。待他散了一些家财，过继了一个儿子之后，却接连有了四个孩子，蒲松龄在兄弟中排行第三。蒲槃将功名之望寄托在儿子身上，亲自教子读书，经年不息。蒲松龄天资聪颖，是一个读书的好苗子，得父亲喜爱最多，背负的期待也甚于常人。

中国传统社会，是以家族主义为中心的，一个人的社会地位，主要取决于他的家族声望和地位。一个家族即使经济上已是地主，但在政治功名上爬不上去，依然会被人歧视。这不只是面子的问题，而是一个家族在社会中的阶层问题。如果是一个普通百姓，活在功名富贵圈外，不做此想，也就罢了；如果是已享受过功名富贵，或是看透了功名富贵，不做此想，也就罢了。但是，对蒲家来说，对蒲松龄来说，既非一般百姓，也从没有尝过功名的甜头，自然视科举为内在的根本需求，而这对当时的读书人来说，几乎也是唯一的出路。

科举情结，自幼便深深扎根在他的心灵中，无法拔去，无法撼动。

在父亲的教导下，1658 年，19 岁的蒲松龄初试科举，以县、府、道三个第一，考取秀才。尤得山东学道施闰章的赏识，一时间声名鹊起。

期许跃龙津的少年，初出茅庐，便春风得意。一时之间，功名、富贵仿佛在不远的前方等着他轻易摘取。但他哪里知道，这个完美的开局，几乎成了他的梦魇，也成了他此后漫漫50多年里征战科举途中唯一的得意。

乡试每三年一次，过了乡试，方能成为举人。

25岁之前，他有两次乡试的机会，两次赴考，但两次皆未中。两次打击，让有了妻室的蒲松龄感觉到一丝丝窘迫。1664年，25岁的他和外甥一起就读于朋友李希梅家，作《醒轩日课序》："请订一籍，日诵一文焉，书之，阅一经焉，书之，作一艺、仿一帖焉，书之……庶使一日无功，则愧，则警，则汗涔涔下也。"大有"一心只读圣贤书，两耳不闻窗外事"之气概。

他暂时放下了郢中诗友，放下了他喜欢的鬼神故事，放下了一些有碍时文八股的"分外"喜好，一门心思备考，而等待他的结果仍是：落榜。

也正是25岁这一年，因长嫂悍妒挑唆，父亲无奈做出兄弟分家的决定。从19岁崭露头角，闻名乡里，他头上顶着出人头地的荣光，让家人、族人和乡贤都对他留有几分敬意。不难想象，此时的蒲松龄在这个大家庭里是一心攻书，无须为生计劳心费神的。而接连两次失败，让一直心存不满且又短视的长嫂终于撕下了温情的面纱。

温驯朴讷的妻子和顾念读书人斯文体面的自己，在这次分家中，只分得了被兄弟们挑剩下来的几间偏房，且在荒凉之地。他得挑起这个家，他肩上多了担子，自此后，他只能一边谋生，一边备考。

对一个读书人而言，谋生的手段只能是舌和笔。他做过塾师，教蒙童；也做过官员幕宾，跟着混饭吃。在维持生计的同时，他从来没有放下心中的科考之梦。日子在期望和失望中，一天天过，其间他经历了多少次失败，也无法一一言说。

康熙二十六年（1687），48岁的他到济南应考，再次惨败。而这次考试是因为"越幅"被黜。不知是过于激动还是过于紧张，抑或是过于有才华，他竟然在考卷中龙飞凤舞，直至写完才发现中间留了一页白，这在当时几乎被视为犯罪，要录取则无异于天方夜谭了。他写了一首《责白髭文》，狠狠自嘲发泄了一番，好像要看破功名，从此罢手，但斗争的结果，依然是放不下那颗热烈的功名心。

五十一岁，再考，因故被黜。三年的等待，又成了空。据他的儿子说，此考后，他便灰心场屋，一心著述。而事实却并不如此。

康熙三十八年（1699）和四十一年（1702），他仍有应考的记录。他写于康熙四十一年的《寄紫庭》诗中说："回想三年前，含涕犹在目。三年复三年，所望尽虚悬。五夜闻鸡后，死灰复欲燃。"哪怕是所望尽虚悬，哪怕是心如死灰，一旦科考的号令吹响，他依然燃烧起心中渴望，毅然赴考去。也许，此后的赴考，他求的并不是一个结果，这只是他生活的一部分，是他的生活方式，像空气一样，缺了它，生命便没有意义，只是一片虚空。

直到七十一岁，他仍有一场考试，此试他终于递补成为贡生。这是他一生追求科考的终极。

一生科考，一生落败。到底是何原因？

是科举制度不公吗？不公肯定是存在的，但对一个考了一辈子的人来说，难道次次不公都被他碰到了？对寒门士子而言，科举是所有不公中，相对公平的一种考核方式，相对公平的一条路。不然，它为何延续几千年？

他对科举有着清醒的认识，甚至在儿子们科举不中后，他还写诗温言相劝，说"场中莫论文""功名命中定"，尽管这样，他仍是难以释怀，一如既往地屡败屡战。对科举的种种清醒认识，也在日后他的《聊斋志异》中有着深刻的揭露与控诉。我们相信，这种不公在客观上影响了他，但蒲松龄个人就没有一点原因吗？

有。而且，他个人的主观原因在很大程度上决定了他的命运。

科举是国家的抡才大典，它选拔的是政治人才，而不是文学人才。而蒲松龄骨子里，是一个文人。他十九岁后与诗友结诗社，此后一生写下了数量颇丰的诗歌，他有着诗人的情怀和个性。而对科举而言，诗文仅仅为其"表"，经义才是其"里"。士子作科举之制艺，目的是看他们如何阐发圣人的微言大义，如何代圣人立言，以观心术。作为一个性情中人，文人习气颇重的蒲松龄，如何能撇下骨子里的灵气，而脱胎换骨做一个颇通权术的政治人才呢？19岁初试，连取三个第一，正是因为主考施闰章是个大名鼎鼎的诗人，骨子里的文人习气以及对文人的赏爱有加，让蒲松龄充满才气却并不合八股制艺之道的文章，破例得到青睐，这对蒲松龄来说，只是科举之中的一次偶然而已。而他竟在这种偶然的误导之下，一直走下去。

更要命的是，他"才非干宝，雅爱搜神。情类黄州，喜人说鬼"，孔子说"子不语怪力乱神"，他偏偏对儒家禁止的怪力乱神兴致盎然，而这种兴致，从年轻时候便已经开始。他的好友张历友、孙蕙皆曾苦口婆心劝他"聊斋且莫竞空谈"，要他"敛才攻苦"，放弃鄙言，一心苦读圣贤书。他却一竿子捅到底，坚持"志异"之作，就像坚持科举不放手一样。如果说诗文尚是小道，小说，尤其是不入流的鬼神志异之作，简直是歪门邪道了。

可他偏偏两样都不放手！

自古以来，"文章憎命达"，才高名显者有几人通达，几人有政治才干？功名和富贵，原是世俗的事业，如果你不能彻底变成一个世俗规则标准之下的人，或是你没有强权的意志和铁血手腕，你怎能在仕途中显达？从这个角度上看，不是命运对蒲松龄不公，而是命中注定他做不了世俗之人的事，他骨子里只能做一个锦心绣口的文人。

对蒲松龄而言，科举是他家族的使命，是他个人的使命，无法摆脱。

但促使他坚持一生的，不只是家族或个人的荣耀。儒家的济世情怀，在他心中一样重要。无论是谈玄论道、谈鬼说佛，他的终极目的在于解救苍生，解救一切受各种各样痛苦的人，生老病死之苦、生离死别之苦、精神之苦、生存之苦，种种苦他感同身受，所以他的小说中有种割舍不下的济世情怀，有种在黑暗中期求光明的热烈和执着。

"凡吾辈读书人，不当尤人，但当克己；不尤人则德益弘，能克己则学益进。当前踬落，固是数之不偶；平心而论，文亦未便登峰，其由此砥砺，天下自有不盲之人。"因为有了这点济世情怀，这点不尤人但克己的自励，让他对科举的执着与坚守有了意义。

他一生执着于功名，也勉励儿孙追求功名，但他最关心的，不是结果，而是其生命质量。读书以立志，读书以安身立命，在读书中知勤勉，惜寸阴，度过有意义的一生，这未尝不是另一种获得与成功。

命运的归命运，自己的归自己。这一点他很清楚。他曾写过一首五言古诗《读三国志》，诗几乎等同于他的内心独白：我年复一年地参加考试，难道是因为不知道仕途的黑暗吗？不是啊，我早已看透了功名，也看透了科举。可我不能放弃它的原因，是希望能为天下的百姓尽一己之力。我耗尽了我的一生，还是得不到机会，无所作为。每当想到此处，就忍不住悲从中来，老泪纵横。但是想到世界是无常的世界，我又会从这悲痛中解脱出来。人世间的成败有它自己的原因，很多事情不是努力就能改变的。只要我尽心尽力，问心无愧就足够了，我又何必悲伤呢？

正是有了这种超越，才使他不至于陷入尖酸刻薄，不至于自怨自艾，才使他以一颗同情心体察芸芸众生，以一颗慈悲心感受他们的喜悲。让人在黑暗中，看到了光明。

二 坐馆：游子心易酸

25岁兄弟析箸后，为了生计蒲松龄不得已开始做塾师，做孩子王，对这种生活，他并不满意。但他就是一个书生，除了舌战和笔耕，还能有什么选择？

所以，除做塾师外，他还以卖文为生。他科举虽屡考不中，文名却颇盛。一时名公巨卿、乡里乡亲，请他代笔捉刀者甚多。对他们的要求，蒲松龄几乎有求必应。建桥写疏，修庙撰序，祭文墓表，嫁娶生子写词等等，日用文体无所不备。偏他又是不肯应付的热心人，每篇文章必殚精竭虑，务求对得起别人给的润笔费。

40岁之前，日子大部分就在坐馆中度过。在为稻粱谋的同时，他一直没有中断过两件事：一是应考，为科考不懈努力；一是搜集素材，动手写《聊斋志异》。

其中只有一年多的时间，即 31 岁时，他应旧友孙蕙之约，南下宝应县入幕孙府。这是他一生中唯一一次离开山东，但在他的生命中产生了比较重要的影响。孙蕙年长他九岁，是他的同乡，顺治十八年（1661）中进士，康熙八年（1669）任宝应县知县。他需要像蒲松龄一样有才华的人替他写写文书，做做文章，大抵类似一个文职秘书。对朋友抛来的橄榄枝，素有济世之志却又身处困窘之中的蒲松龄充满感激，他满怀希望前去。

一开始他是满怀激情的，曾跟着孙蕙办了一些实务：一是管理驿站，需要应付过往的达官贵人；二是督办河工，劳碌奔波；三是赈济灾荒。正是这种深入社会、离开书宅的接触，让他了解了官场和吏胥的形色声貌，也让他目睹了民生疾苦。

但很快他便失望了。平日里，主要是替孙蕙写写公文或应酬文章，再就是陪着他游玩、歌舞、宴饮。在热场中，他知道自己只是一介寄人篱下的幕僚，一个点缀场面的装饰，一个代人捉刀的工具。幕主和僚属之间，说是平等的，合则聚，不合两散。而事实上，他不过是一个因人炎热的应声虫，"竭筋力于风尘，直同牛马"。文人的习气，让他在这种热场中终究无法游刃有余；文人的骨气，让他在这种场合中始终无法放下尊严和傲骨。

他越来越想家了。

酒阑人静时刻，如豆的灯光下，他捧书欲读，或提笔欲写聊斋故事，却发现一个字也看不下去，一个字也写不下去。精神的丝缕牵系着北方的家乡，牵系着在家乡倚门企盼的妻和儿。

"旅邸愁生春色里，天涯人坐雨声中""春花色易老，游子心易酸"，那个叫故乡的地方，一直在呼喊着他。身处热场中的他，心里分外凉。

游幕期间，他结识了孙蕙的小妾顾青霞，一个雅好诗文、柔婉慧美的江南女子。关于顾青霞和蒲松龄，有种种猜测和传闻，我们不知道二人之间是否真正暗地相恋，或是否有过什么生死约定，无法否认的是，这样一个女子，在他独处异乡之际，在他正当生命盛年却远离家乡之际，在他失意落寞寄人篱下之际，曾带给过他"同是天涯沦落人"的惺惺相惜之感，曾激起过他心中温柔的情愫，曾勾起他青春生命中涌流的激情和热望。但这一切，不在现实中，只能在心灵世界里，或是在他想象的世界中。无可否认，《聊斋志异》中很多美惠的女性，一定有顾青霞的影子。

一年之后，他结束了这段游幕生涯，重新回到家乡。

40岁之后，直到71岁，蒲松龄一直在毕际有家坐馆，长达30余年，这对常人来说是罕见的。

他的东家是刺史毕际有，毕际有去世后，是其次子毕盛钜。

毕际有在康熙二年因解运漕粮，积年挂欠，赔补不及被罢官回乡。回乡后，他无意东山再起，在诗酒琴棋、园林景色、子孙绕膝中享受生命的乐趣。

在毕府坐馆，每月可有近二十两银子的收入，要知道当时的贡生年俸只有 8 两，可见毕家报酬之丰厚，这在很大程度上解决了蒲松龄的生计困窘，他在毕府能坐馆如此之久，这恐怕也是其中因由之一。

在毕府，他主要是替毕际有写写信，代代笔，应酬应酬，有这样一个颇富文才的才子，倒是省心又赏心。而毕家与当时一些豪门显贵有着牵扯不断的关系，比如清初著名诗人王士禛便是他的姻亲，这为蒲王之交提供了契机。在毕府这个圈子里，他也跟着结识了一些人。当然，他主要是毕际有请来给孙子做老师的，但在做老师的同时，他充当了游侣、聊宾、秘书。

毕府真正吸引他、能让他一待 30 余年，还有更重要的原因。

一是毕府的名园石隐园，仿江南名园而建，他简直是蒲松龄的精神家园，也是一直不离不弃陪伴着他的重要"伙伴"。

他流连园中的湖光山色和一切山石花草。坐馆生涯再好，也是离家别子，一个人孤身在外，在别人的世界里讨生活。每当他独自面对石隐园时，他眼里的这些山石花草、自然风物像一个个朋友一样，与他晤面对谈，没有机心，没有距离，它们不是死的，而是一个个有生命的精灵和朋友。在《逃暑石隐园》一诗中，我能感受到流溢在文字之外的、自心底流淌而出的欢喜："石丈犹堪文字友，薇花定结欢喜缘。"这样一个闹中佳处，是他身体和心灵的安放地，也是他漫游在幻想世界里的取景地。

二是毕府有丰富的藏书，达 5 万册之巨。这对搜罗素材，经年累月写《聊斋志异》的蒲松龄来说，无异于福音。关于《聊斋志异》的取材，有一个说法是蒲松龄在家乡柳泉庄边支一茶铺，过往行人或南来北往的商客，只需要给他讲讲有趣的见闻或故事，便可免费喝茶。此说不知有多少可信度，但《聊斋志异》中有百余篇取自书典中旧有的素材，蒲松龄在这些旧有素材上敷演变化，增添血肉，形成一篇篇新的小说。毕府这 5 万册之巨的藏书，他翻阅了多少？近三十年的光阴里，他在书斋中耗去了多少光阴，去呕心沥血地完善他的书？当然，还有为科举应考年复一年所做的准备，所读之书。

还有更让蒲松龄庆幸的事。他初到毕府时，《聊斋志异》的雏形已具备。本打算进毕府后，一心教人子弟，博取功名，却不料毕府上上下下都是聊斋故事的粉丝。在这里，蒲松龄获得意外的宽松环境，那些在朋友眼中被视为邪道、视为妨碍科举的有害之物，在这里却倍受鼓励与欢迎。在毕府坐馆时期，他不断丰富、完善这本"鬼狐禅"，让《聊斋志异》打磨得益发熠熠生辉。当然，这是后话。

毕府上上下下，甚至是女眷佣人都给他提供故事素材，毕府中经历的一些事情，毕府中见过的一些世相，都一一成为素材，被他点铁成金，化成一篇篇精妙的聊斋故事。

良园再好，怎比自己的家？毕府的主人一个与他是君子之交，一个和他像兄弟，他在这里结识了一批达官名流和旧家宦裔，但这一切又怎能从根本上改变他的命运？除了文名在外，在科举之途上，无论有多少人援引，有多少人关心，他终究跨不进举人那道门槛。

身处富贵场中，看着他们炙手可热，他难免悲凄；身处豪门大户，看着他们妻妾成群，而自己的妻和儿却只能在梦里相见，他难免落寞。身处应酬场中，看着他们推杯换盏，而自己只是一个装点，他深感命运吊诡。

他更深深沉入聊斋虚幻的世界中，也在自然风物中遣兴寄情，而对妻儿的深深思念只能埋藏在心底，在夜深人静之际，独自回味。

坐馆日久，归意日盛。在毕府一次又一次盛情挽留中，在学生依依不舍的送别中，在儿子不忍老父暮年奔波的恳求中，在《聊斋志异》已经打磨完备，在蒲家儿孙日渐年长、家境渐好而他在五十岁时也终于有了自己的一间独立的书房后，他下定决心辞馆归家，安享晚年。

那一年他七十岁。

七十二岁时，他赴青州考贡，补岁贡生。

七十四岁时，和他相伴五十多年、不离不弃的妻子刘孺人去世，这对晚年的他来说，是一个不小的打击。

他写了一篇情真意切的《刘孺人行实》，为我们记录了一个女人的一生，让我们怀想着这个朴实的妇人。

他的夫人年十五嫁于蒲家，那年他十八岁。夫人性情温和谨慎，朴实寡言，在妯娌中，她是最老实的，婆婆喜欢她，说她有赤子之心。而自私、凶悍的大嫂妒恨交加，联合其他妯娌，与婆婆作对，闹得家中鸡犬不宁，终至于分家。分家时，好屋和好的用具，都被兄弟们争了去，而刘氏则像呆子一样不开口，最终只分到正屋外的三间老屋。老屋在农场旷野里，四处是蓬蒿野草，无围墙。此时蒲松龄游学在外，或坐馆在外，不常在家。刘夫人带着儿子孤单单住在这个荒僻的地方，听到有人的脚步声走过，便心里欢喜。风雨之夜，狼嚎鸡鸣猪骇，小儿不知愁苦，早已入睡，惊恐交加的刘氏对着豆油灯纺绩到天明。她自己减餐，留着饼饵给乡邻婆婆吃，只为请她们夜晚给自己做个伴，在她的床上睡。

家境好转后，她依然勤劳有加，不辍纺绩。穿洗的衣服，从来是打着补丁。无客不沾肉，有了好吃的，就算是留坏了，也要等到他回家再吃。

她善良仁慈。兄弟常来借贷，她不计前嫌，借了也从不指望他们还，说：我总是受乞，而不乞于人，这就是我的造化了。

她知足常乐，对考了一辈子依然考不上功名的丈夫，没有半句责备，反而温言软语相劝，"山林自有乐地，何必以肉鼓吹为快哉"！

生活是一点一滴的细节累积起来的，在这点点滴滴的琐碎细节中，我们看到了蒲松龄对夫人的真情。也许，这样的感情是亲情的维系，也许妻子永远不是他理想中的红颜知己或爱情的对象，但正是这一点一滴、一饭一蔬、一朝一夕的相处相亲，给了他坚持的意义，给了他家的感觉。

有她，便有家；没有她，家便不再完整。

两年后，蒲松龄倚窗而逝，兑现了他不久即会去黄泉之下陪伴妻子的诺言。

🌑 三 聊斋：集腋为裘，浮白载笔

如果说科举是社会法则的要求，坐馆是生存的实际需要，著书则是蒲松龄的精神之需。

《聊斋志异》是他建构的一座精神家园，是他情感和思想的抒发渠道。我不知道，蒲松龄在写它的时候，心中是否抱着"立言"的宏志，是否想过他在形销魂灭之后可以借一部《聊斋志异》而不朽。但从他写的《为人要则》中可以看出他对人生价值的理解，人活一世，纵然不能立德、立功、立言，也要在不懈的追求中，努力

让生活过得充实而有意义。这个有意义，便是在砥砺自我、完善自我的同时，力求对他人或是对这个社会有所贡献，留下一点点自己曾经来过的痕迹。

他做到了。

他用一生去追求科举，科举无成。

他用一生"集腋为裘"，留下中国文言短篇小说的高峰之作《聊斋志异》。

他曾为《聊斋志异》，写过一段自序：

披萝带荔，三闾氏感而为骚；牛鬼蛇神，长爪郎吟而成癖。自鸣天籁，不择好音，有由然矣。松落落秋萤之火，魑魅争光；逐逐野马之尘，魍魉见笑。才非干宝，雅爱搜神；情类黄州，喜人谈鬼。闻则命笔，遂以成编。久之，四方同人又以邮筒相寄，因而物以好聚，所积益夥。甚者：人非化外，事或奇于断发之乡；睫在眼前，怪有过于飞头之国。遄飞逸兴，狂固难辞；永托旷怀，痴且不讳。展如之人，得勿向我胡卢耶？然五父衢头，或涉滥听；而三生石上，颇悟前因。放纵之言，有未可概以人废者。松悬弧时，先大人梦一病瘠瞿昙偏袒入室，药膏如钱，圆粘乳际。寤而松生，果符墨志。且也，少羸多病，长命不犹。门庭之凄寂，则冷淡如僧；笔墨之耕耘，则萧条似钵。每搔头自念，勿亦面壁人果吾前身耶？盖有漏根因，未结人天之果；而随风荡堕，竟成藩溷之花。茫茫六道，何可谓无其理哉！独是子夜荧荧，灯昏欲蕊；萧斋瑟瑟，案冷疑冰。集腋为裘，妄续幽冥之录；浮白载笔，仅成孤愤之书。寄托如此，亦足悲矣！嗟乎！惊霜寒雀，抱树无温；吊月秋虫，偎栏自热。知我者，其在青林黑塞间乎！

他雅爱搜神，喜人谈鬼，狂固难辞，痴且不讳。沉溺于"聊斋"故事中，哪怕有碍科举正道，哪怕朋友不解、世人误会，哪怕"门庭之凄寂，则冷淡如僧；笔墨之耕耘，则萧条似钵"，他依然在昏暗的灯下，在瑟瑟风中，在冷似冰的几案上，"集腋为裘，妄续幽冥之录；浮白载笔，仅成孤愤之书"。

他抱着《聊斋志异》取暖，期待着知音在未来的时空里，与他相视一笑，莫逆于心。

何谓聊斋？是用来"聊天的书斋"，还是"聊以自慰的书斋"？马瑞芳教授认为，后者似乎更加贴切，"聊斋是蒲松龄鹏飞无望、退而著书、聊以存身、聊以明志的所在"。

何谓志异？志异，就是描写各种新奇怪异之事。《聊斋志异》正是对传统志怪小说创新性的发展。

它将志怪小说的神、鬼、妖、梦幻、离魂几大范畴，扩大了。凡远国异民、博物奇趣、常人异行皆有所涉。

它将传统志怪小说多限于证其实有、录其实有之简略转而进行文学敷衍，叙事委备，情节生动，在志怪的同时，和世俗人情接轨，使精魅多具人性。

它将传统志怪小说的客观实证，转而为主观情感的渗入，《聊斋志异》具有强烈的诗性精神和诗化色彩，这种诗化不是诗文的引用，而是内在激情与主观情感的渗透和渲染。

我个人认为，这也正是《聊斋志异》的独特之处、动人之处。

一部"聊斋"，包罗万象。

有仗义执言、抒发公愤、"刺贪刺虐"的社会小说。他源自民间，又扎根于民间，对普通百姓的疾苦感同身受。官虎吏狼的黑暗统治、达官贵人的醉生梦死、平民百姓的啼饥号寒，都在他的笔下一一呈现。比如《三生》《鬼哭》《梦狼》《冤狱》《红玉》，这里有封建官吏的百丑图，也有普通百姓的悲哀无告。

有对人情世态、道德伦理进行描摹的世情小说。《王六郎》《宫梦弼》中的世态炎凉、人情冷暖，《八大王》《蛇人》《义犬》中的人不如兽，对这些丑恶和庸俗，他那样痛心疾首；《田七郎》中的知恩图报，《崔猛》中的古道热肠，《商三官》中的不畏强暴，《庚娘》中一个弱女子在死亡面前的从容与大义，《连城》中的知己之情，《乔女》《葛巾》中的有情有义，对这些美好与善良，他热爱而珍惜。

但他以血泪书之，写得精彩绝伦的有两类，一类是科举，一类是女性的鬼狐精灵。

他做了整整半个世纪的老秀才，同科举八股打了一辈子的交道，有着极为丰富的阅历，也有着饱尝酸甜苦辣的深切体验，这使他的《聊斋志异》在揭露科场黑幕、试官的无能、科举扼杀人才以及士人为科举所受的心灵创伤等方面，达到了相当的深度。它们都是蒲松龄萦绕于心头、为之激动不已，如骨鲠在喉、不吐不快的题材，他借小说人物之口，倾吐着自己的郁结和愤懑，寄托自己的身世之感。在《司文郎》《王子安》《叶生》《罗刹海市》中，我们看到了他情感的寄托与宣泄。

对女性的描写，有对贤妻良母式传统女性美德的高扬，有对悍妇妒女形象的无情鞭笞，更多的则寄托了对理想婚姻、美好爱情的向往。

悍妇妒妇形象，有人说生活中的原型是蒲松龄的大嫂，她挑拨离间婆媳关系，她让父亲难以忍受最终决定分家，她让蒲松龄在分家时，妻子跟着吃尽了苦头。一部"聊斋"中这类形象有十几人之多，如《江城》《阎王》《杜小蕾》等篇。

他塑造得更多的是美好女性，在这类女性身上，他寄托了知己之感和对理想爱情的向往。在封建的夫妇关系中，一般是没有爱情可言的，蒲松龄和夫人刘氏白头偕老，但更多的是亲情。要获得真正的爱情，总须在夫妻关系之外寻求。他对自由活泼的异性之美，对志趣相投、彼此相知的知己爱情，是有要求的。妻子更多是人伦道德层面上的，是家的维系，但爱人却是精神层面的需求，是心的安放。

蒲松龄刻画的女子，不是传统意义上的大家闺秀或小家碧玉，而是另类的。要么是处于社会底层的歌伎或女佣，要么是来自于精灵世界的花妖鬼狐。她们追求人格的独立，追求美好的爱情，冲破束缚和枷锁，自由、大胆而热烈。这些女性是一个穷书生的臆想与热望，也是一个穷书生的寄托与超越，她们抚慰了书中的书生，更抚慰了现实中贫寒不得志的蒲松龄。

这些让人过目不忘的精灵：小翠、红玉之善，聂小倩、娇娜之美，莲香、鸦头之勇，婴宁之痴，黄英之真，无一不寄托了蒲松龄内心的渴求。

与之相应的便是，这些女性所追求的书生形象，反而显得懦弱。但慈悲的蒲松龄怀着美好的愿望，利用花妖狐魅超自然的力量，让一切都有圆满的结局：

望穿秋水的功名，最后都成了囊中之物。

可望不可即的富贵生活，最后都唾手可得。

就连羽化成仙也不再是水中月、镜中花。

功名、富贵、长生，世俗的愿望在这里皆得到满足。

在这个自为自创的世界，一切不可为皆可为，一切幻形都成了现实，一切玄想都能实现，一切爱有结果，一切情有着落，一切罪有报应，一切善有酬答，冤有了头，债有了主。

他"出入幻域"而又能"遁入人间"，他始终是爱这个人间的。

但在爱这个充满丑恶和不幸的人间时，他又力求"异"，不拘于这个人间。所以，这个"异"，是无聊生活中的变异，是平淡生活中的奇异，是平庸族类中的卓异，它是生命中的奇迹，是蒲松龄在充满无奈和失意的俗常人世中的精神超越。

"聊斋"不朽！

纳兰性德

我是人间惆怅客 >>>

家家争唱饮水词，纳兰心事几人知。

纳兰性德，在骄人的富贵中展示着出人意料的忧伤与孤独。

他有一首咏雪的词："非关癖爱轻模样，冷处偏佳。别有根芽，不是人间富贵花。"他与雪花的内在精神是一脉相通的。

我就是我，冷处偏佳，别有根芽，不是人间富贵花。鲜花着锦、烈火烹油的富贵与我何干？蝇营狗苟、熙来攘往追名逐利，又与我何干？这个红尘，没有我能扎根的土壤；这个凡尘，也供养不了我的一身清骨。

如果不想活得人云亦云、因袭草率、千篇一律，那么，成为你自己！

"当时悠扬得人怜，也都是浓香助。"这句赠给好友的词中，透着一种深刻的清醒。大丈夫立世，当卓尔自立，而不是随人俯仰，因人凉热。也许这是纳兰的独立宣言，是他内心深处最真切的渴望。

在别人眼中，他不是纳兰性德，而是纳兰明珠的儿子。他不是容若，而是纳兰容若。那些围绕着他、逢迎着他的人，有哪些不是看中了罩在他头上的光环，而并非真正欣赏光环背后的那个真实的自己？他只是站在太阳背后的星星和月亮，借着别人的光芒而已。

不要拿我跟任何人比，我不是谁的影子，不是谁的代替品，不是谁的退而求其次。不是一个没有核心的空壳，不是一件着了色的华服，不是一个镶了边的幻影。我只想做个随心所欲的自己，让自己的每样选择，都出自内心。

然而，他终归是没有做到，他最终成为这个人间的惆怅客。

一 佳公子：人间富贵花

不是人间富贵花，纳兰性德是他一生的命运。

在世人眼中，他分明就是富贵花。出身豪门，才华出众，功名轻取，然后入值宫禁，成为天子的贴身侍卫，平步青云。

在步入仕途（22岁）前，纳兰性德按照世族大家贵公子的固定模式，饱读诗书，文武双修，为科举入仕作好准备。然后在仕途上一路向前，延续父亲纳兰明珠创下的辉煌基业，将家族荣耀发扬光大。或者，从更加宏伟的儒家体系出发，立言、立功、立德。

他出生于1654年12月12日，一个寒冷的冬天。

他体素文弱，自幼患寒疾，不知是否是这个冬天的特殊赐予。

这一年，他父亲纳兰明珠正是銮仪卫的长官，官至一品，是天子近臣。

纳兰性德10岁时，他升任为康熙帝的内务府总管。他以一个父亲的高瞻远瞩，为长子纳兰性德谋划着未来的发展道路。

17岁时，纳兰性德被送进了当时的最高学府国子监。在那里，他结识了张纯修，一个颇有文艺气质的志趣相投的年青人。他爱上了赵孟頫，一个赵宋王朝的后裔。爱他精通金石古器、书法绘画，爱他从为文至为人，通体流露出来的古雅秀逸之气。

在那里他被"昆山三徐"之一徐文元赏识，徐文元又将他举荐给当时精通汉文化的大儒徐乾学。在徐乾学的调教下，他学问更是精进。

18岁，参加顺天府乡试，一举得中。

19岁参加会试得中，成为贡士。

20岁，因病错过了殿试。这个病，便是寒疾。

这次偶然的错失，给一路颇为顺畅、高歌猛进的纳兰性德一个很大的打击。对心思素来婉转细腻又心高气傲的纳兰性德来说，这次失利不但辜负了父亲的期望，更辜负了座师徐乾学对自己的期许和栽培。而所有的错失，竟然来自一次偶然。人的命运啊，有时真的说不清。

又经过了三年的磨砺和蓄积，康熙十五年（1676），他补殿试，考中第二甲第七名，赐进士出身。中进士之后，因恩科考试并未如愿，他暂时没有被授予官职。

22 岁中进士，历史上只有极少数的人有这样的幸运。前朝有"三十老明经，五十少进士"之说，足见中进士之难。有些人，考到了头发花白，甚至是终其一生也无缘得中。

以一般世俗之人的眼光来看，纳兰性德是何其幸运！当然，他的幸运，一方面得益于父亲的权势，一方面得益于自身的敏慧与精进。少了其中任何一方面，都不可以。

在等待授官的日子里，他仍然在积蓄着仕进的资本。

一是在名师徐乾学的指导下，主编了一部儒学汇编《通志堂经解》。这部体大而思精的经解，证明纳兰性德不只是一个文士，还是一个有史识和卓见的人。当然，如果他不是纳兰明珠的公子，如果没有一帮人抬桩帮助，很难想象 22 岁的他，能编出这样一部体例庞大的经解来。

除《通志堂经解》外，他还将自己熟读的经史见解整理成文，编成四卷本的《渌水亭杂识》，这部书再次证明了他广博的学识。

从以上的履历中，我们看到，纳兰性德正以一个积极向上的姿态，走在谋取仕途的康庄大道上，一条父亲为他谋划的大道，一条对他而言无须抗拒的大道上。

那么，这真的就是完整的纳兰性德吗？让我们走向作为个体的纳兰性德，走向他的另一个世界，或者，内心。

如果他果真表里如一，如果他真的在社会体系和规则下如鱼得水，他不会说自己是"冷处偏佳，不是人间富贵花"，也不会在此后的生命历程中，显示出出人意料的忧伤和孤独，更不会在生命绝美处凋零，死时年仅 39 岁。

在未来的 18 年里，他的社会履历其实很简单。在经过短暂的等待后，他被授予三等侍卫之职。而他的主子康熙，只是他的同龄人。

此时他的父亲纳兰明珠，因为积极支持康熙笼络汉人、学习汉族文化，因为鼎力相助康熙撤三藩立下了汗马功劳，而被授予宰相之职，真可谓权势熏天。

侍卫之职，是天子近臣。是很多人艳羡的职位，而他的父亲纳兰明珠，不正是凭借侍卫之职一步步登上相位的吗？父亲有切实经验，有常人难以企及的人脉，他只要按照父亲铺设好的路，按部就班一步步走下去，前途一片光明。

谁说不是呢？

在刚入职之初，怀着期待和一展抱负的雄心，他也曾努力地享受这个角色，扮演好这个角色。顾贞观说他"所欲展之才，百不一负"，说明他当初的确是心怀壮志的。只是随着做侍卫之职越久，他的雄心壮志似乎开始动摇了。

在相府，他是那个人人都要敬重的公子。虽然，他知道敬重他的人，在某种程度上只是敬重父亲的权势。但在这个和他同龄的皇帝面前，他什么也不是，他只是一个装饰，一棵阶前草，作为皇权威严和荣华的点缀而已，他没有尊严。

更要命的是，在皇帝面前，任何一句话，任何一个举动，都不能随性随意而发。有时，沉默隐忍是最好的选择，他没有自由。

而皇权之下的翻云覆雨，以及权力之下的无常巨变，更让他深深恐惧，他没有安宁。

作为皇帝的侍卫，他要跟随皇帝出巡。他扈从玄烨出山海关至榆关东巡，在长白山告祭先祖陵。他扈从皇帝到十三陵秋猎，觇梭龙。频繁的扈从，没有激起他的燥烈血性，却让他在战战兢兢的护卫和无法相守的相思中，深感枯燥和乏味。

除了侍卫之职外，他再没有其他任何舞台或可能施展自己。

他不是父亲，他学不会蛰伏，学不会等待，学不会在看似无聊的应酬或履职中，处心积虑地抓住一切细小的机遇。

一样的侍卫之职，对父亲而言是良药，对他而言是砒霜。

作为社会人的纳兰性德，开始动摇了。

作为个体的纳兰性德，开始复苏了。

在御前侍卫这个社会角色之外，他将内在的热情和真心交付给了：文学、爱人、友人。

他生命中的后十几年，恰好被这三个方面填满。因为这几个方面的填充，纳兰性德最终不是作为一个贵公子或政客被人们记住，而是作为一个文化人物、一种人格象征被后人追慕。

是的，在骨子里面，他真的不是人间富贵花。

他只是一个有着浓郁文人气质、有着一颗赤子之心的至情之人。

这一点，在他的词作、他的爱情经历、他的朋友圈中将一一呈现出来。在他早年的生命中其实也有迹可循，只是被作为社会人的纳兰性德暂时遮蔽了。

二 至情人：情在不能醒

他太至情至性，一生走不出一个"情"字，套用他词中的一句话便是"情在不能醒"。

"情"之一字，是一个生命个体突显异彩的关键，却是一个社会人的束缚，甚至是软肋。而爱情，又是人类情感中最兴风作浪的一幕。

它是无解的，可令春风化雨，也令盛夏冰凉，几乎无人能逃脱。对善感的心灵而言，爱情的每一次出现都如履薄冰，这灼热情感带来的慰藉等同于它所带来的危险。对少数极敏锐的灵魂而言，激情的消退是不可原谅的，他们自始至终以全部的意志和念想去爱，生活中的一切都将为这爱情让路，也将为爱情燃烧。这样的激烈总使爱情变得过于沉重，极美而极易受挫。情深不寿——这并非一种叹息，而是情理之中的逻辑，因为，世间万物，自有它生发、成熟，而后消亡的规律，"积聚皆消散，崇高必堕落，合会终别离，有命咸归死"。天地的生生不息，情感的春生夏灭，都是自然。

深于情者的心是一张薄薄的纸片，情感世界里每颗划过天际的流星，都在他的内心留下难以磨灭的印记。那些应当遗忘的伤痛将永远不能遗忘，那些内心的波澜将一次次重复出现在不可思议的时刻。当这些记忆最终无法承受，一切情感终必成空，如灰如烬，如同纳兰容若的心。

在纳兰性德的生命中，一共有三段爱情值得书写。

一是初恋，一是与妻子卢氏和官氏的爱情，一是与江南名妓沈宛的爱情。

所有的牵手，都不能白头。所有的相逢，都成了陌路。

当纳兰手写兰台金字经，了悟这个劳劳尘世有如梦幻泡影后，他依然抱持着他的情与爱，他的信仰，不肯醒来，不愿醒来，郁郁终生。

他的初恋对象不确定。

有人说是他的表妹。他和表妹青梅竹马，却只能看着她宫门一入深似海，从此萧郎是路人。有人说是一个婢女，与纳兰公子身份悬殊。

无论这个对象是谁，都是纳兰性德青春岁月里一段意醉神迷的疯狂、一次全心全意的燃烧、一段刻骨铭心的回忆。

这段感情很美，而美往往和惆怅与悲剧相伴相随。他的这段初恋，注定无法圆满。

初恋，从某种意义上说，是一种心灵弥满的状态，一种感情成长的状态，一种生命开花的状态。正是这异样而又纯真的感情的滋润和浇灌，我们年轻的心智才日渐丰穰、成熟。

从他的词中寻绎初恋时的心路历程，分外清晰。

初见时的心有灵犀。"未接语言犹怅望，才通商略已懵腾。只嫌今夜月偏明"，有一种隐约的樊篱存在，也有一种欲突破樊篱的激情。

相守时的心醉神怡："蛱蝶乍从帘影度，樱桃半是鸟衔残。此时相对一忘言。"

私订盟约的天真："两样愁情，犹记回廊影里誓生生。"

分别后的无聊和相思："拨灯书尽红笺也，依旧无聊。"只能在梦里回味了："玉漏迢迢，梦里寒花隔玉箫。"

还有，隐秘而幽艳的激情："退粉收香情一种，栖傍玉钗偷共。"充满迷离的香艳感。

分手时的无奈与伤痛："人生若只如初见，何事秋风悲画扇。等闲变却故人心，却道故人心易变。"在绝望之余，他多么希望世上一切，都如初见般单纯、清澈，没有功利的考量，也不会在红尘岁月的浸染下失色。

决绝后的愤激与长情："一生一代一双人，争教两处消魂。相思相望不相亲，天为谁春。浆向蓝桥易乞，药成碧海难奔。若容相访饮牛津，相对忘贫。"

背灯落月就花阴，已是十年踪迹十年心。

岂止是十年，对纳兰性德而言，这段初恋，一直幽居在他的胸口，要用一生去遗忘。

他和卢氏结为夫妻，却在拥有的时候，不懂得珍惜，当时只道是寻常。在懂得珍惜的时候，又天涯孤旅，聚少离多。终于在一起了，天妒红颜，情深不寿，到而今，伊人独伴梨花影，冷冥冥、尽意凄凉。天人自此永隔。

卢氏是在他二十三岁那年，1674 年嫁给他的。那时的他，在经历了一段刻骨铭心却无望的初恋后，心里尚装不下其他的女子。

卢氏是两广总督卢兴祖之女，门当户对的婚姻，多多少少带有功利的因素。而这种出于功利考量的姻缘，一开始是入不了纳兰的心的。

他接受命运或是长辈的安排，接受这段婚姻，却可以选择不付出真情。

卢氏在初嫁的这段时间里，没有享受到一个新嫁娘的欢欣与幸福，却收获了意外的冷淡。她没有怨恨，以一个女人如地母般的胸怀与隐忍，包容着这个从失恋中尚未走出来的任性孩子。

她的包容，她的隐忍，渐渐融化了纳兰性德心中的坚冰。而他意外地发现，这个端庄淑静的女子，原也通文墨，与他一样有一颗欣赏诗词的慧心。他们一样喜爱李后主，这点相通与慰藉，让他感动。

只是他还没有来得及好好地补偿自己的亏欠，1677年，卢氏在生他们的第一个孩子时，因难产而亡。

这成了纳兰心中永远无法弥补的悔恨，也是永远无法填补的空洞。他时时陷入这个黑洞中，几乎无法自拔。自此后，悼亡成了他生命的一部分，在每个有意义或无意义的日子里。而悼亡词在他的300多首词中占了近十分之一的篇幅。每首词，皆是以血泪书写。

她的生日，她的忌日，她生前与他在一起的点点滴滴，她们共同拥有的一呼一吸，一颦一笑，无时无刻不在他的生活中重现。他一遍遍地唱着哀感顽艳的调子。诉说着，斯人已去，而我，却在回忆里等你。

他说，你在疼惜落花红销香断有谁怜的时候，也要替我好好地爱着你自己。他说，还记得么？刻残红烛曾相待，往事历历。可烛光透影，再也映不出你的颜容。仍只留我，独自活在回忆和遗恨中。他说，红药阑边携素手，暖语浓于酒。在一个春时节，在种满芍药的栏杆边，我曾执着你的素手，两情缱绻，岁月静好。他说，料得绮窗孤睡觉，一倍关情。想想此刻的你，孤眠中醒来，也一定和我一样辗转终宵。叫人怎么不心疼呢？

他说，"当时领略，而今断送，总负多情。忽疑君到，漆灯风颭，痴数春星。"他悔恨自己拥有时没好好珍惜，空留余恨，一番痴情竟恍然如见伊人，共他一起度过时光的阻隔，在一起痴数春星。

心灰尽，有发未全僧。风雨消磨生死别，似曾相识只孤檠，情在不能醒。

摇落后，清吹那堪听。淅沥暗飘金井叶，乍闻风定又钟声，薄福荐倾城。

风雨消磨生死别，似曾相识只孤檠，没有了她，他心如死灰，只是一个"有发未全僧"。

只到爱人离去，他才明白官氏的存在，早被定格为一种家的存在。她不曾给过他刻骨的痛苦，然而却在秋风与冬雪中，给了他坚持的意义。

他视沈宛为红颜知己，却穿不透世俗的网，无法相濡以沫，只能相忘于江湖。

容若与沈宛，放在一起就是故事。一个是高门显贵、多情公子，一个是身份卑微的江南名妓。相逢、相知、相守、相离，每一段插曲都能谱成一篇华章，酝酿成一部一波三折的传奇。

他们的相逢得益于一帮江南友人的撮合。江南，他虽不能至，心向往之。所以，他们的初次相逢，想必像极了人间的久别重逢。那时的容若还没有走出对亡妻卢氏的忆恋，情感世界的空缺正待有人填补。对容若这种人来说，精神世界的契合也许是吸引他的首要元素。沈宛是一个才女，更是一个兰心蕙质的女子，她能走进容若的心灵，用一种只有他们两人能懂的语言进行灵魂的对话与交流。

但天意弄人，不是所有的相知，都能相守。有情人终成眷属，只是一个美好的梦。身份的悬殊，门第的阻隔，世俗成规的约束，足以凋零人世间最美的花。

人啊，到底需要多大的勇气，到底要付出多大的代价才能对抗自己，对抗世俗之网织成的铜墙铁壁？容若虽然至情，却不能至性，他不能顺应自己的心，任性地做他自己，做一个他想做的人，他只能退让，只能妥协。在退让妥协中成全着成规，却狠狠地伤着自己。伤害的还有他的红颜知己——沈宛。

沈宛是个聪明的女子，她选择了离开。

她可以在容若孤独、逃避、疲惫时，默默地接纳他的黑夜，给他安宁，却不一定选择相守。

相濡以沫，不如相忘于江湖。

纳兰性德只能在一首首词中追忆着这段情，这首《遐方怨》，是写给她的么？

敧角枕，掩红窗。梦到江南伊家，博山沈水香。湔裙归晚坐思量。轻烟笼翠黛，月茫茫。

夜已深，灯已灭，红窗紧闭，人犹未眠——他还沉浸在梦境的怅惘当中。梦里到了江南伊家，博山炉里升起了袅袅的烟，幽香。轻烟缕缕缭绕着翠黛似的蛾眉，美得像一个梦。那么轻，那么静，让人不忍心走近，怕打破了这一片静。

梦醒。一切都烟消云散，只有一轮圆月，高高挂在天上，冷眼俯瞰着这个尘世。

三 金兰契：肝胆皆冰雪

纳兰性德刻有一方闲章，名为"自伤多情"，此真为容若揽镜自照之语。

他不但情深于人，更情深于物。天地之苍茫，万物之荣枯，无不入于眼而动于心。当感情生发之时，或以物喜，或以己悲。而当摆布世情，又一切以情为纲，量入为出，故能不以物喜，不以己悲。故往往被誉为"至情"。

无论亲情、爱情、友情，一般诚挚。在他多情而脆弱的心里，留有太多空隙来承载这些情感。梁佩兰评价他"黄金如土，惟义是赴。见才必怜，见贤必慕。生平至性，固结于君亲，举以待人，无事不真"。故而，每有亲人、朋友、爱侣离开，他的心便无一例外犹如被生生割舍了一块，心中空虚的他，常常因此悲愁顿生。

因为多情，故而多愁。容若一生都陷入一种矛盾之中，即"情"与"性"的矛盾。容若生于富贵之家，深受与生俱来的恩惠，他只能"至情"，不能"至性"。他背负起每个他遇见的师、友、亲人的厚望，用尽全身气力去回报，即使那将是千万倍的回报，他也无所畏惧。

他以他的率性与真诚，吸引了大批落拓不羁的江南名士，梁绳孙、顾贞观、姜宸英等等齐聚渌水亭。渌水亭，是他生命中除家之外，另一方不可取代的天地。

渌水亭，有人说是纳兰明珠相府的一部分，有人说是明珠的私家园林。当初建渌水亭，明珠是为了笼络在野的颇负声望的汉族士子、江南文人。康熙重视满汉文化合流，对汉文化采取吸纳兼收的开放态度。上有所好，下必有所效，纳兰明珠建渌水亭，以此为据，一方面吸引了大批江南文人，一方面给文人雅集提供了一个理想的场所。而这种雅集，对纳兰性德也是一种熏陶与陶冶，在笼络人心的同时，也让纳兰性德的汉文化素养高于常人。

不得不说，这个精于权谋与机变的纳兰明珠，在文化前瞻性和个人胸襟上，也有他的过人之处。他建渌水亭的初衷，有功利的成分在。而这些前来投奔、啸聚于渌水亭的大批士子文人中，也不乏投机取巧者。

但对这批江南名士，纳兰性德以其浓厚的文人气质与其结交，是付出了真心的。其中比较重要的几位：姜宸英、严绳孙、顾贞观、吴兆骞。从年龄上看，他们都要年长纳兰性德许多。他们纷纷来到渌水亭，又纷纷离去。来与去，都在纳兰性德的心里，激起或深或浅、无法平息的涟漪。

　　姜宸英是较早来到渌水亭的江南名士，那时他已 50 多岁。

　　他是浙江慈溪人，清初以布衣荐修明史，与朱彝尊、严绳孙并称"江南三布衣"。

　　姜宸英是纳兰结识的江南名士且引为知己的人当中，个性最为疏狂狷介的一个。虽然他多有不合礼法、不合世俗之举，纳兰性德也从不以为意，与之相交甚厚。康熙十七八年间，姜宸英一直留居在纳兰性德的府第。

　　对纳兰性德的知遇之情，姜宸英是铭刻在心的。他曾说："虽以予之狂，终日叫号慢侮于其侧，而不予怪。盖知予之失志不偶，而嫉时愤俗特甚也。"

　　自古英雄多寂寞。姜宸英成名于江南二十年，终是沉沦下僚。虽为名士，却只被康熙用来装点门楣，做一个刀笔小吏。昭示其不分满汉的雄才大略。满腹诗书，自视甚高，却一考再考，直到七十岁才中了探花，做了一个翰林编修的闲职而已。编修的板凳还没有坐热，就被牵进了科场弊案，进了牢狱。等康熙为其雪冤，放其出狱时，才发现他已经无福消受，离开了人世。

狂者进取，狷者有所不为，对姜宸英这样一个狷介之士，其命运似乎是注定的。"夫狷介之为人，喁喁独行，凉凉无亲，世俗指为孤僻古执者是也。子可交之人，亦有所不交；可取之物，亦有所不取，易于退而难于进，贪于止而吝于行。"所以，他看似洒脱，内心却痛苦感伤。现实的生存与精神的存在总是处于矛盾紧张状态，内心充满无法排遣的痛苦与焦灼。

纳兰的渌水亭再怎么像江南，也只是复制品。忘年之交再怎么给他慰藉，也终是寄人篱下的一介清客布衣。名士雅集、诗酒唱和，再怎么风光惬意，也难掩曲终人散之后销蚀灵魂的孤寂。于浩歌狂热之后，换来的是更深的如死一般的寂。

不如归去。至少故乡、故园、故土，能让人的精神得到片刻的休憩。

康熙十七年（1678），当姜宸英提出欲归慈溪之时，纳兰纵然有再多不舍，他也知道，这对姜宸英来说，是一种正确的选择。他作《潇湘雨·送西溟归慈溪》相送，词中说："君须爱酒能诗，鉴湖无恙，一蓑一笠。"期许他抛开世俗功名的羁绊，做天地间自由的一蓑翁。白发归江湖，快意人生又是多少士人在头破血流之后苦苦追求着的心灵原乡与精神皈依。

这是纳兰对姜西溟的劝慰，也是他自己内心的向往。只是此时，这种向往还是模糊的，在往后的岁月里，这种向往会越来越清晰。

严绳孙于康熙十一年（1672）秋初识纳兰，康熙十二年进入渌水亭。此时，他已 50 多岁。

严绳孙作为江南名士之一，曾怀抱着梦想，在京城求索，也在纳兰的盛情之下，小住渌水亭一段时日。在那里，他和纳兰性德切磋诗艺，时时唱和。在纳兰性德心中，他堪称一个良师。

只是在渌水亭逗留了一段时日后，严绳孙最终明白了一些道理。

京城虽然繁华，而他只是这繁华的看客，胸中块垒，无法消除，唯有回归故土，在故乡的黄花中老去，才算是有尊严地活着。所以，尽管纳兰一再挽留，他最终还是选择了归去。

康熙十五年（1676），严绳孙决定返归家乡无锡。分别之际，纳兰作《浣溪沙·寄严荪友》一词相送：

藕荡桥边理钓筒，苎萝西去五湖东。笔床茶灶太从容。

况有短墙银杏雨，更兼高阁玉兰风。画眉闲了画芙蓉。

纳兰性德为归去后的严绳孙设想了一种诗意的生活。

闲了，在藕荡桥边，理理钓筒，钓一溪风月。累了，与山水为友。去西边的苎萝，登高望远；去东边的太湖，游目骋怀，洗尽红尘浑浊。

清夜无尘，月色如银，一壶茶，一张琴，一卷书。陶陶乐取天真，羲皇上人一个。

更风雅的还在后面：画眉闲了画芙蓉。那儿有佳人，是一枝解语花。倘有意，像那多情的公子张敞，为她描一弯远山眉，一派蕴藉风流。丢下眉笔，还可以拾起画笔，红袖研墨，暖香作引，再画一朵芙蓉。

这写的是友人的生活，更是纳兰理想中的生活。他在描摹自己的心愿，那主角明里是好友，暗里是自己。

他在长安的红尘中，怀想着江南的小桥流水。他在京城的繁嚣中，渴慕着山林的宁静。他在吟咏忍把浮名，换了浅斟低唱，却又因为自己的虚荣，被那利禄树上终将散去的浮华所左右。

有人走了，也有人来了。

康熙十五年（1676），送走严绳孙后，纳兰性德迎来了他生命中最为重要的知己：顾贞观。

顾贞观的曾祖顾宪成是晚明东林党人的领袖，顾氏家族是无锡之邑的名门望族，有着极好的文化传统，同时又具有高风亮节的门风。贞观禀性聪颖，少年时代即参加了由吴江名士吴兆骞兄弟主盟的"慎交社"，与声望甚隆的吴兆骞齐名并结为生死之交。

康熙五年（1666）他以南籍应顺天府乡试中举。满怀兼济天下之心，却未曾料到，因自己不肯媚俗的性格和过于出众的才华，在周围筑起了诽谤之围墙。处处受排挤的他，只得在康熙十年告假归家，康熙毫无挽留地批准了。

五年之后，怀着复杂的心绪，他来到了渌水亭。那年，他四十岁，纳兰性德二十二岁，刚中进士。

谁料，这一次初见，竟成就了一段佳话，一首流传千古的词《金缕曲·赠梁汾》记下了二人初见时的心意交会：

> 德也狂生耳。偶然间、淄尘京国，乌衣门第。有酒惟浇赵州土，谁会成生此意。不信道、竟逢知己。青眼高歌俱未老，向尊前、拭尽英雄泪。君不见，月如水。
>
> 共君此夜须沉醉。且由他，蛾眉谣诼，古今同忌。身世悠悠何足问，冷笑置之而已。寻思起、从头翻悔。一日心期千劫在，后身缘，恐结他生里。然诺重，君须记。

词中纳兰性德称知己、输衷悃。让久惯人世波澜、不易遽然倾心的顾贞观去掉了心中顾虑，放下了被人讥嘲曳裾权贵的心理负担，与他心魂相交。他感念这个年轻人的真挚情意，但对他所说的"后身缘，恐结他生里"，有种"不祥"之感。

他作《酬容若见赠次原韵》回赠，"不是世人皆欲杀，争显怜才真意？容易得，一人知己"。在世人皆欲杀的误解之中，纳兰却以一腔真情消除芥蒂，这个失意的才子自此和纳兰结为生死知己。

之后的时光里，在渌水亭诗酒会中，两人常常鉴赏书画、聚论文史、情同手足，"尔汝忘形，晨夕心数"。

后来，他们共同营救吴兆骞，又成为一段佳话。

康熙二十年（1681），顾贞观也离开了渌水亭。

吴兆骞，是因为顾贞观才得以和纳兰性德相识的。

吴兆骞，字汉槎，江苏吴江人，出身书香门第。吴氏兄弟在当时非常出名，他们一起加入了慎交社，并成为社团的骨干力量。慎交社里有两位宿辈，一个是容若的老师徐乾学，一个是容若的好友顾贞观。江南才子吴兆骞天资聪颖，满腹锦绣，又出身官宦世家，难免高傲轻狂。清人笔记里有记载，明末清初散文"三大家"之一的汪琬曾来吴江，吴兆骞引用古语对他说："江东无我，卿当独步。"如此狂傲难免招人嫉妒。顺治十四年，发生了著名的"丁酉科场案"，也就是科考舞弊案，吴兆骞不幸被牵连进去。最后的判决是：挨了四十大板，家产没收，父母兄弟妻子全部流放东北宁古塔。

其挚友顾贞观知其蒙冤，有救人于绝塞之念。等到康熙五年（1666）的时候，顾贞观中举，并在京任秘书院典籍。然营救之事尚未展开，两年后，其父病逝，顾贞观只好离职，南归无锡为父守丧。营救一事，终无办法。

在纳兰府中也有些时日了，一日纳兰性德见顾贞观手中拿着新写的两首词，满面愁容。

词是写给尚在流放之中的吴兆骞的。

来看看顾贞观《金缕曲》二首：

季子平安否？便归来、平生万事，那堪回首？行路悠悠谁慰藉？母老家贫子幼。记不起从前杯酒。魑魅搏人应见惯，总输他覆雨翻云手。并与雪，周旋久。

泪痕莫滴牛衣透。数天涯、依然骨肉，几家能彀？比似红颜多命薄，更不如今还有。只绝塞苦寒难受。廿载包胥承一诺，盼乌头马角终相救。置此札，君怀袖。

我亦飘零久，十年来、深恩负尽，死生师友。宿昔齐名非忝窃，试看杜陵消瘦，曾不减夜郎僝僽。薄命长辞知己别，问人生到此凄凉否？千万恨，从君剖。

兄生辛未吾丁丑。共些时冰霜摧折，早衰蒲柳。词赋从今须少作，留取心魂相守。但愿得河清人寿。归日急翻行戍稿，把空名料理传身后。言不尽，观顿首。

词中他对好友的遭遇愤懑、心痛却又毫无办法措手，这一片赤诚深深感动了重情重义的纳兰性德。纳兰看了顾贞观所作的二首词后，泣曰："河梁生别之诗，山阳死友之传，得此而三。"

他当即向顾贞观承诺，施以援手，并约定以十年为期。纳兰和作《金缕曲》一首，以示诚意。

　　洒尽无端泪。莫因他、琼楼寂寞，误来人世。信道痴儿多厚福，谁遣偏生明慧。莫更着、浮名相累。仕宦何妨如断梗，只那将、声影供群吠。天欲问，且休矣。

　　情深我自拼憔悴。转丁宁、香怜易爇，玉怜轻碎。羡煞软红尘里客，一味醉生梦死，歌与哭、任猜何意。绝塞生还吴季子，算眼前、此外皆闲事。知我者，梁汾耳。

纳兰期十载救人，"绝塞生还吴季子"。经过多方努力，在冰天雪地的宁古塔流放了 23 年的吴兆骞，最终于康熙二十年援例赦归至京。

吴兆骞抵京后，成德待之优渥，留在家馆为其弟执教，直至吴兆骞两年后病殁，又为他治丧，抚其遗属。

四　饮水词：心事几人知

填充并丰富纳兰性德生命的，除了爱情、友情，再就是词。

家家争唱饮水词，纳兰心事几人知？这是曹雪芹的祖父曹寅写的。也许，他能算纳兰的另一个知音。

纳兰性德二十四岁时，将自己的词作编为《侧帽集》。顾贞观曾有一幅小照，下书："侧帽投壶。"颇有一股风流自赏之气。纳兰将词集命名为"侧帽"，既回应顾贞观的知己之意，也有对风流自赏、自由任情风度的向往。

侧帽的典故来自北周独孤信。一日，他出城打猎，回城时天色已晚，他不由得快马加鞭，谁知马骑得太快，头上的帽子被风吹歪了也不知道扶正。而那些看到他斜戴帽子的人却大为惊艳，以至于第二天街上全是模仿他侧帽而行的人。纳兰深深折服于独孤信的风流倜傥，便将他的第一本词集起名为《侧帽集》。落魄才子，风流少年，他们都是纳兰心之所向。他多么想放慢生活的步伐，和他们一样，随性而活，随心而去。

后来又著《饮水词》，取意于佛典中的"如鱼饮水，冷暖自知"。

纳兰性德以词著称于后世，因词而活在人们心中。他的词，被王国维称颂为"北宋以来，一人而已"，他和朱彝尊、陈维崧并称为"清初三大家"。

我们往往被纳兰词中的情吸引，深深陷溺，他的词固然是他多情多愁的敏感气质影响下的独特产物，也是他自觉追求的必然结果。

来看看清初词坛的另外两大家。

一个是浙西词派首领朱彝尊。

朱彝尊与纳兰也有过交往。他是浙江秀水人，明代大学士朱国祚曾孙，也是名门之后。而这种人，往往也是康熙笼络的重点对象。康熙十八年（1679），他举博学鸿词科，以布衣身份授翰林院编修。二十二年，入值南书房，特许紫禁城骑马，这是王公贵族才能享有的荣耀，可见清廷对他的器重。

朱彝尊在新朝也算是如鱼得水，他很清楚自己的位置，不像一些明朝士人以遗民自居，不与清廷合作。他知道康熙要用他们这些名高望重的名士粉饰太平，所以在清初词坛上，他独举"清空""醇雅"之说，以矫《花间集》气格卑弱之弊。他主张宗法南宋词，尤其是格律派词人姜夔、张炎的词。

其实，他的这种词学主张，在某种程度上，是将性情淹没于辞章格律之下，不见性情，只见一股氤氲朦胧的"雅正"之气和清空的意境。在清初严厉的文统之下，他们断不会发出不纯正的声音，而这种形式大过内容，淹没性情的词，既不会太过激烈，招来危险，又可以为新朝新皇粉饰太平。

朱彝尊的词学主张在清初影响巨大，不少人翕然风从，"数十年来，浙西填词者，家白石而户玉田"，其势力笼罩了康熙、雍正、乾隆三朝百余年的词坛。

朱彝尊是个聪明的识时务者，他的词学主张顺应了当时那个时代的主流。

另一个是阳羡词派领袖陈维崧。

陈维崧出生于讲究气节的文学世家，他的祖父陈于廷是明朝的左都御史、东林党的中坚人物。父亲陈贞慧与商丘的侯方域交善，二人俱为"明末四公子"之列，曾因反对"阉党"，同罹阮大铖之祸。

崇祯十七年（1644），明朝灭亡，陈维崧才20岁。入清后虽补为诸生，但长期未曾得到官职，身世飘零，游食四方，接触社会面较广。又因早有文名，一时名流如吴伟业、冒襄、龚鼎孳、姜宸英、王士禛、邵长蘅、彭孙遹等，都与他交往。

康熙己未（1679），召试鸿词科，由诸生授检讨，纂修《明史》，时年五十四岁。

他和朱彝尊同为编修，尤其接近，两人在京师时常切磋词学，并合刊过《朱陈村词》。他和朱彝尊的词学主张却有不同。在一改前人颓靡婉丽的词风上，二者是一致的，但在提供的纠偏救弊的药方上却不同。

朱彝尊倡清空、雅正，以南宋格律派为宗。陈维崧则提出"词非小道，存经存史"，意味着词要担任一定的教化功用；又提出"言为心声，个性入词"，意味着词不能用文字淹没性情。阳羡派的词风豪放雄健，某种程度上有追摹南宋末年江湖词派之意。

纳兰性德与陈维崧也有交往，曾写词相赠。

很显然，纳兰性德在这两派之外，独出机杼。他没有形成词派，也没有形成明显的词学主张，一则是他年龄声望不够，与这些江南耆旧相比，他只是一个后生。二来他那种纯任性灵，以自然之眼观物、以自然之心写物的词风，更接近唐五代的李煜和北宋一些婉约词人，没有摆脱"词言情"的传统，和清初统治者想要的歌功颂德、粉饰太平也不大合拍。三则，纳兰性德的这种纯任性灵的性情之作，源于天赋奇情者多，没有才情或禀赋的人，很难追摹。

而这，也正是纳兰性德的独特之处。

纳兰词，写情居多。

除我们已经见过的深情绵邈的悼亡词，哀感顽艳的爱情词，肝胆相照的唱和赠友词外，还有很多闲情词。

这些词和传统的伤春悲秋、相思缠绵的小令词在很大程度上接近。但纳兰词的特点就在于，就算是没有所指，没有具体的缘由，他的每首词都写得深情款款，甚至会有一些特有的细节、细腻的心绪，是一般人捕捉不到的。不得不佩服这种未经世俗濡染的天生锐感和多情。

在写情词之外，还有一类词不可忽视，这便是咏史词。

这些词作是纳兰数次扈从及亲往边疆的产物，它开拓了纳兰的眼界，也开拓了其词境。但在总体上，他的边塞词和咏史词，和血性燥烈、硬语排空的雄健不搭边。他在边塞词中，看到的多是萧瑟，感情的落脚点也终归是家园之思；他在咏史词中，没有睥睨天下、俯仰今古的气势，有的多是兴亡无常的幻灭感和悲剧感。

写这些词时，他还那么年轻，还在人生的青壮年时期，但词中流露出的浓重的哀感和幻灭，让人实难揣测，这个贵公子的心底到底蕴藏着怎样的丘壑。

他慨叹功名无常，"莫更着，浮名相累"。他慨叹命运无常，"怪人间厚福，天公尽付，痴儿呆女"。他慨叹人生如梦，"枉碌碌乾坤，问汝何事，浮名总如水"。

他慨叹，兴亡之无常，历史之虚幻。他在词中毫不掩饰地咀嚼着这种无常的滋味。

"败叶填溪水已冰，夕阳犹照短长亭。何年废寺失题名。驻马客临碑上字，斗鸡人拨佛前灯，劳劳尘世几时醒。"羁旅途中偶遇一座废寺，引发了纳兰的人生虚无之思。寺边一条溪，枯败的落叶拥塞了小溪，一种触目惊心的荒芜和衰朽。不远处还有一座亭。夕阳犹在，长亭犹在，只是送别的人早已不知在何处。一座古寺，风吹雨打，墙上的题名早已模糊。曾经的兴盛，现在已了无遗踪。曾经的繁华，见证着当下的萧瑟。这就是人世的无常。

"马首望青山，零落繁华如此。再向断烟衰草，认藓碑题字。休寻折戟话当年，只洒悲秋泪。斜日十三陵下，过新丰猎骑。"他立马苍穹，看到的是繁华零落如斯，是断烟衰草之中，长了苔藓的断碑，碑上的题字，早已模糊得难以辨认。文字在风雨的打磨下淡了痕迹，历史在时光的深处只留下背影。苍茫的是天地，永恒的是时光。历史一页页散落在风中，无处寻觅。

五 惆怅客：生活在别处

每个人都有着不可抗拒的宿命。一个人无法选择自己的出身，而他的出身在某种程度上成了某种桎梏与藩篱。作为大清炙手可热的相国纳兰明珠的儿子，上天给了他世人艳羡的一切，权力、地位、富贵、功名，那是别人穷尽一生也无法得到的。

而这一切，对于他来说，皆是藩篱。

他生活在别处。

他生于鲜花着锦、烈火烹油的权贵之家，可是他厌弃这个含着金钥匙的富贵出身，他唯愿自己是林中泉、篱边菊。

他做着万人艳羡的御前侍卫，在天子脚下沐浴着龙威皇恩，而这一切并没有令他热血沸腾、欲上青云，他向往的是抱影于林泉、忘情于轩冕。

他在诸公衮衮向风尘的康庄大道上，独辟蹊径，与江南的落拓文人构筑着一个世外桃源，冷冷看着那些当朝新贵在世俗的泥泞中打滚。

命运赐给他的对他而言，不是希望，是毒药。父母期望于他的对他而言，不是光明，是歧途。可他没有那么大的力量，大得足可以反抗自己的命运。也没有那么大的决心，大得足可以让自己脱胎换骨，重新做人。他至情，情在不能醒，却不能至性，只好违心地做着另一个自己。这种不堪，这种错位，让这位冷处偏佳的贵公子，在京华软红尘中消磨尽了他慧男子的心性，过早离开了这个不属于他的富贵人间。

容若的理想是什么？是无上自由，是自给自足，是修身齐家治国平天下。然而，作为侍卫，须得处处体察皇帝的意图，一言一行必须惟皇帝意旨是从，即使这样，稍有闪失就被降黜，重者流放充军，甚至头颅落地。御前侍卫，表面风光，其实也不过是一介美丽的应声虫。故容若曾有词云："倚柳题签，当花侧帽，赏心应比驱驰好。"在他的内心，"金殿寒鸦，玉阶春草"始终只是人云亦云的生命。

容若之"故园"何在？年少时，当他游于碑林，在起承转合之间尤其被赵孟頫吸引；当他徘徊画卷，在浓墨淡写中独独钟情倪云林；当他深涉文海，在南腔北调中偏偏热爱李煜，他心中的江南情结便已悄然生发。

它是采莲女纤足过处，莲塘底的惊慌；它是船桨行处，微波中的窈窕夕阳；他是兰舟中的春光少年，于暖风中醉卧船头，听红衫绿裙的渔女低声哼唱；当黄昏来临，他化身远方的游子，听鹧鸪哀啼，顿时乡思如潮，在烟水中湿了眼眶。在容若无法苏醒的梦里，江南是于刺桐花下看采莲女相携归去的怅惘，是暗里回眸、若有若无的深情；在容若始终不能释怀的心情中，江南是微雨碧波间的扣弦而歌。最后，容若去了南唐，满怀心事，他走着，走在李后主的江南四季心境里：看春日飞絮，于秋日芦花深处想念。

纳兰在一层一层地剥离着自己，他想知道，哪一层才是真切的自我，哪里才能见到自己的本心？

是那个大笑拂衣归，逍遥江湖的高士，还是那个慨叹两鬓飘萧容易白，错把韶华虚费，意欲有所作为的斗士？

是那个"短尽英雄气，暂觅柔乡避"的世俗之人，还是那个"待来生，结个他乡知己"，弱水三千，只取一瓢饮的痴情种？

是那个炙手可热的相国贵胄，还是那个如鱼饮水、冷暖自知的落拓公子？

是那个恪尽职守、宵衣旰食的御前侍卫，还是那个疏狂率性、一片赤诚的成德？

哪一个才是真正的我？人的一生，到底是将自己的本心一层层包裹，还是将那些遮蔽一层层剥落？

我们每个人来到这个世界上，都有一条属于自己的路，只是世事烦扰迷乱了我们的心，让我们无法找到这条路。迷乱的原因，要么是过分注重别人对自己的看法，要么是背负了太重的成规世俗，外在的关注与内心真正的需求之间产生错位。

只是有的人顺应了，习惯了，与生活握手言欢，与命运和解，虽波澜不惊，却未尝不是一种幸福的人生。

有的人，矛盾着，挣扎着，无法顺应自己的内心，也无法摆脱现实的沉枷，终其一生，在一种错位中郁郁寡欢，生命不息，悲剧不止。

纳兰性德便是这种人。

他的人生注定以悲剧来收场，因为悲剧是将有价值的东西撕开给人看。

他怀抱着理想，不愿自欺欺人，在人生里面便会遇到不可解救的矛盾。理想与现实永久冲突，生命的境界在这个矛盾冲突中越显丰满浓郁，越是有深度。人性的复杂和丰富也由此彰显。

所以，他的悲剧带着一种让人战栗的美。

郑板桥

难得糊涂 》》》

郑板桥是著名的"扬州八怪"之一。

他的"怪",与其说是不合世俗标准的格格不入,不与说是正邪两赋的内在矛盾冲突。

父亲给他取名燮,希望他能"和也";字克柔,希望他能以柔顺处世、治世。纵观他这一生,简直与他的名和字背道而驰。他既没能与这个世界温暖相拥,也没能与自己和谐相处。他是一个充满了矛盾的丰富个体。

他既有不曲己而从俗的艺术家的真性情,也有入科举之彀中攀附权贵的伪饰与矫情;他既有对普通民众鸽子般的仁慈与体恤,也有"好余桃口齿"的声色习气;他既以不矜小节、狂达自放闻名于朋友圈中,又以谨严温煦、忠厚悱恻勉励于后辈面前。

他看透了官场,看透了世道,也看透了人性。

只要他愿意糊涂,以他的聪明,他可以在这个俗世中活出那种世俗意义上的好。但他最终——

难得糊涂。

一　另类少年

郑板桥一族自曾祖辈迁居江苏兴化城内，名位不显。

曾祖郑新万，是明末庠生。祖父郑湜曾在县学做过教谕之类的低级儒官。郑湜只有二个儿子：长子郑之本，即为郑板桥父亲，廪生，家居授徒；次子郑之标，即郑板桥小叔，育有一子郑墨。郑板桥大郑墨近二十岁，他在写给郑墨的家书中屡次称他为"四弟"，不知二人之间，是否还有其他姐弟。但郑家人丁不旺，是一个事实。而晚年郑板桥唯一的儿子夭折后，正是郑墨将自己的儿子过继给了他，才使得他的这一支脉得以延续。

廪生、增生、附生皆为秀才，是正式生员。他们每年可自官府领取四两银子作为膳食补贴。这点银子虽微不足道，但身为秀才，可以免服劳役，不受里胥侵害，无笞捶之苦，在本乡本土还是有一定社会地位和活动能力的。

郑板桥的父亲考取廪生后，在家开私塾维持生计。家境虽优于一般农人，但自古以来读书人心中都种有一个蛊：科举入仕。这样的希望，如果自己无法实现，对子女的期待便会更甚。

康熙三十二年（1693）阴历十月二十五日，郑燮出生。这一天是"小雪"节气，兴化民间又叫"雪婆婆生日"，郑板桥日后常以生于此日而自豪，曾刻有一方"雪婆婆同日生"印章，不知他是喜欢雪之外冷内热，还是欣赏冬之萧瑟莹洁？

与很多天才不同，他生来貌寝陋，据说脸上还有麻子，因此乳名叫"麻丫头"，也许父母给他取这个贱名是按民间说法，好养活。又因居所附近有座木板桥，后来他便自号"板桥"。晚唐温庭筠有一句著名的诗"鸡声茅店月，人迹板桥霜"，纯粹意象组合，却勾勒出一幅清绝的早行图，不知"板桥"之号，是否也与此有关？

一个天才的诞生，必是多种因缘际会所致。

如果要追溯，童年时的这段光阴一定不能忽略。从某种程度上说，一个人的童年决定了他的性格。

郑板桥童年至少年时期，对他影响最大的，一是母亲，一是读书。

他有三个母亲，生母汪氏、继母郑氏、养母费氏。

生母汪氏在他三岁时便去世，幼年丧母，对一个幼小的心灵来说，必会笼罩浓重的阴影。"登床索乳抱母卧，不知母殁还相呼"，幼小的他不知道母亲已去，仍爬在母亲身边哀呼索乳，读之令人泪下。

长门长孙兼独苗，遭此变故，祖辈、父辈自然对他宠溺有加，迁就、娇惯在所难免，这一切对他日后放纵、执拗、妄为又敏感的个性皆有影响。

母亲去世后，继母郑氏进门。所幸，这位继母仁慈而又善良，视他若己出。正如郑板桥自己所说："十载持家足辛苦，使我不复忧饥寒。"即便如此，作为无亲出子女的继母，作为世俗意义上的后娘，继母郑氏也有难言的苦衷。她对幼时的郑板桥多的是生活上的照料，心灵上的安抚，却无法真正对他加以管束或约制。从其稍不如意就"伏地啼呼面垢污"地撒泼耍赖可见，继母郑氏怕委屈了这个没亲娘的孩子，对他简直是放纵。

母爱的根本缺位，会让他性格暴躁而放纵，桀骜不驯，也让他自负敏感、自我中心，具有一定的攻击性。

真正给幼年郑燮诸多照料，并让他感念一生，也影响了他一生的，是乳母费氏。

费氏是祖母的侍婢，勤劳、朴实，更有着普通劳动人民的仁厚。当时郑家因水灾大饥，养不起婢仆，费氏舍不得郑燮，三顿饭回家吃，然后又到郑家操持家务。每天早上起来，便背着郑燮到集市上，买一个烧饼给他，再做其他的事。她是幼年的郑燮心理意义上真正的母亲，当郑家日贫，不得不遣散家仆时，养母费氏不得不离开了郑家。看不到养母的郑燮，号啕大哭。对幼小的他来说，也许生母去世时他尚小，继母毕竟又是母亲身份，唯有养母是真正与他共呼吸、给他无微不至的关爱与陪伴的人。还有什么比得上陪伴与体贴给一个人带来的满足感与安全感呢？

所幸，三年之后，费氏又回到了郑家。自此她一直没有离开过郑家，直到无疾而终。他在诗中说"食禄千万钟，不如饼在手"！日后哪怕俸禄再丰厚，也抵不过幼年时费妈买给他的那一张饼。

费妈在他幼小心灵上种下的温厚与仁爱，让他在日后的仕宦之途上，始终爱民如子，始终记得自己是谁，不至于忘了本，也不至于因狂怪而陷入偏激刻薄。

读书当然是少年郑燮生活中的一件大事。

父亲对他寄予厚望，启蒙教育自然是不可少的。生母去世后，他又随父亲至真州毛家桥读书，到八九岁时，他已能在父亲的指导下写出像模像样的文章和对子了。

当然，外祖父汪翊文对他影响也较大。他博学多才，隐居不仕，对这个唯一的、又不幸丧母的外孙自然颇多教诲。郑板桥曾自称"文学性分得外家气居多"。

十六岁左右，为精进学业，郑燮从乡贤陆仲园学填词。

陆仲园即陆震，一生潦倒，贫而好饮，常醉卧街头，佯狂放歌，然词作精妙，闻名当时。郑燮就学于这样一个见地甚高、性情孤峭的词人，这样一个沉沦底层、不谐于世的独异之士，且前后达十年之久，可以想象他受到的影响之大。

也许他选择这样的一个人作为自己的老师，正是因为他们之间有某种相近之处。

自少年开始，郑燮的坏脾气就慢慢显现出来了。"虽长大，貌寝陋，人咸易之。又好大言，自负太过，谩骂无择。诸先辈皆侧目，戒勿与往来"，长辈反感，小伙伴不跟他玩，又无兄弟姐妹，可以想象，少年时的郑燮，已然颠覆了传统温文尔雅的读书人形象，简直是一个另类的不良少年。"人人尽笑板桥怪"，他在我行我素，以"怪"独行于世时，内心其实是多么孤独。

也许正是这种孤独，这种不为世俗所容的格格不入，让他更深地向内探视，更喜欢和无言的山水为伴，更喜欢在书本中寻找知音和慰藉。

他越来越喜欢读书了。"然读书能自刻苦，自愤激，自竖立，不苟同俗"。他每读一书，必千百遍。有时因为读书入神，吃饭时忘了拿勺子筷子，别人跟他说着话，他根本不知道对方在说什么，还沉浸在自己的书本中。

舟中，马上，被底，古庙，都是他的读书之地。尤其是古庙，他有时与少数几个伙伴谈文于古庙中，至半夜三更还不离去，他们骑在石狮子背上，纵论古今天下事。有时他一个人在古庙里，煮点粥，烧点豆子，以豆下粥，边吃边笑，吃饱喝足后，挑灯夜读，乐此不疲。少年的板桥，狂放已初露端倪。

他还"长游于古松、荒寺、平沙、远水、峭壁、墟墓之间"，在这些少有人至的荒寒僻陋之处，他自由地翱翔在天地间，也翱翔在自己的精神世界里。有多狂放，就有多自由；有多孤独，就有多丰盈。

这个俗世不懂他，或是不容他，又有何要紧呢？他凭着一股子不服输的执着与孤傲，"发愤自雄，不与人争，而自以心竞"。

这为他日后在艺坛上独树一帜打下了深厚的根基，也种下了不可逆转的性格基因。

二 风流措大

这个另类的少年，在读书中慢慢长大了。

康熙五十二年（1713），二十岁的他考取秀才。这是很有意味的事，哪怕他狂，他孤傲，他不入流俗，他依然没有放弃科考，没有放弃所有儒家上了要走的那条路。也许，这次考取秀才，他只是想检验一下自己的实力与读书的成果，对于将来是否在入仕这条路上一条道走到黑，他还没有认真思考过。

至少，在接下来将近十年的时间里，他并没有继续参加科考。

1716年，他娶妻徐夫人。随后又有了子女。随着家里的开销越来越大，他不得不在真州设馆教书，走上了父亲曾走过的那条路。

对于坐馆教书，他从内心里是抗拒的。他说"教馆本来是下流，傍人门户度春秋。半饥半饱清闲客，无锁无枷自在囚"，如果不是生计所迫，他怎会选择这样一个位居下流、傍人门户的职业，做一个"无锁无枷自在囚"呢？

在设馆教徒的枷锁之中，他在开掘自由的精神园地。史书上并没有记载，但我们可以想见，他是怎样涉猎在书山文海之间，怎样在谋求精神解放的缝隙。他的目光一定穿透了兴化的山水，直接投射到了扬州。

那是自古繁华风流地，那里聚集了无数才子士人的梦想与激情，石涛、八大山人，这些以狂怪与个性独立于世的先辈，或许曾无数次走进郑燮的心灵领域。

他本应以读书科考求仕，他是什么时候开始学画的，是在怎样的因缘际遇下开始学画的？我们不得而知，而他自己的回忆性文字中也鲜有提及。

我们只知道，雍正元年（1723），他的父亲去世了，此时他已有二女一子，生活更加拮据。

十年的坐馆生涯，十年的捆绑，终于随着父亲的去世，也要与它作一个告别了。

1723 年，三十岁的他辞馆至扬州。

在那里，他以卖画为生。托名风雅，实救困贫。干的是风流事业，过的是措大生涯。

他为什么到扬州来？

扬州自古繁华，不必多说。而在清初，扬州的繁华更甚，徽州和山西的商人齐聚此地，凭借着大运河，两淮的盐商更是当时巨贾豪商的代表。巨贾豪商掌握着巨大的财富，但在社会地位上，始终比读书为官者低一等，为提高其地位，或是为附庸风雅，这些商人们不惜成本进行文化投资，当然其中也不乏真正风雅的儒商。

商人掌握着财富，文人士子艺术家们怀揣着风雅，二者之间必然存在斩不断的勾连，这成为一种社会现象，也形成一个市场。无数贫困而又富有才华的文人艺术家或是士子，带着一种说不清道不明的心思，纷纷聚集在扬州。

郑板桥也来了。

初到扬州的他，既无后台支撑，也无挚友提携，而自己对这个城市的气息也并不熟悉，他混得并不如意。他曾自言"十载扬州作画师，长将赭墨代胭脂。写来竹柏无颜色，卖于东风不合时"，诗中道尽了他备受冷落的凄凉。

他慢慢地积蓄力量，慢慢地寻找属于自己的圈子。

正是在这里，他陆陆续续结识了以后闻名于世的"扬州八怪"，比如金农、李鱓、黄慎、李方膺等人。他们或切磋技艺，或相互提携揄扬，当然为了生计，也和盐商有了千丝万缕的联系。

比如金农曾参与盐商的一次雅集，在联句时，一位盐商词穷，慌乱之中说出"柳絮飞来片片红"之句，被人讥笑，因为柳絮不可能"片片红"呀。但金农立即用前人的诗"夕阳返照桃花渡，柳絮飞来片片红"帮盐商解围。

扬州的盐商与这帮画家们就这样维持着一种奇妙的生态平衡。

但若你视这帮艺术家为巨商权贵的帮闲，那是你的误解。"扬州八怪"之所以闻名于世，恰好不在于他们与世推移的俯就，而在于他们独树一帜的个性和创新精神。他们在世俗的夹缝中努力寻找自己的天空，努力保持自己不曾被阉割的个性。

以郑板桥为首的"扬州八怪"，怪在何处？

他们不同于清初的宫廷画家"四王，吴、恽"，这些画家作为朝廷的御用画手，画着气象雄浑的山水，画着金碧辉煌的色彩；而"八怪"则主张师法自然，主张抒发个性，重写意，主张画中要突现主体的精神人格。他们的画，舍山水而取法于自然的花鸟虫鱼。如果梅、兰、竹、菊代表了他们强烈的君子人格，花鸟小品则是他们对普通市民口味的迎合。他们和主流的画派相比，是"怪"的。

他们的个性又都是那么鲜明。

金农"性情逋峭，世多以迂怪目之"。

黄慎"性脱略""举爵无算，纵谈古今旁若无人"。

李鱓"荒淫二十年"。

李方膺"傲岸不羁"。

郑板桥"日放言高谈，臧否人物，无所忌讳"。

狂是他们的标识与旗帜，是他们的个性宣言，是他们在这个俗世挣扎中达到的一种平衡。如果没有这些"狂"与个性，举世滔滔，皆是中庸世俗之辈，这个世界是何等单一无趣，艺术的灵感与创造又怎样产生呢？

但若你以为郑板桥只是一味地淹没在这种"狂"与"怪"中，你又错了。

在扬州与画友交往之际，在艺术圈子不断扩大之际，他还有另外的生存向度。也许，他也不知道自己所求到底在哪里。总是有异样的声音响起，提醒他审视自己：这就是你想要的生活吗？这就是你毕生的事业吗？

他自幼便喜欢结识僧道。在扬州期间，他曾短期去过庐山，结识了无方上人。他也曾出游北京，结识了禅宗尊宿及其门羽林诸子弟。出世的理想，曾一次次地鼓荡着他，他也想抛却这个红尘，到世外的佛门或江湖中去，做一个逍遥的自在客。

但他同时也结识了康熙皇子，即慎郡王允禧。正是这个慎郡王，决定了他今后的仕宦生涯。

三 入世诱惑

雍正七年（1730），他已三十九岁。此年夫人徐氏病殁，而在此之前，徐夫人所生之子，也是他目前为止唯一的儿子也夭折了。他感到窒息。

他想突破这种生存境遇，他想寻找一种新的生存模式。入世的诱惑，越来越强烈。三十而立，四十不惑，在不惑之年，他要去除心中之惑，选择参加科考，准备走上入仕之途，寻求一种新的突破。

1732年秋，四十岁的郑板桥，赴南京参加乡试，中举人。

此后，在朋友的资助下，他到焦山的别峰庵、双峰阁等地苦读，准备参加会试。在苦读当中，他对束缚无数士子性灵的枷锁八股文竟然独有会心，游刃有余。对此，我们在叹服其天才之时，也不得不为他的矛盾性格而困惑。对八股文他有让人不解之语："圣天子以制艺取士，士以此应之。明清两朝士人精神聚会，正在此处。"又说："虽有奇才异能，必从此出，乃为正途。"如果这话出自一向求仕之人之口，没有什么奇怪的，可它偏偏出自郑板桥之口，不得不让人感慨。

也许，正是这种矛盾的撕扯与挣扎，才显示出人性的复杂与丰富，而这种复杂与丰富，也在某种程度上给了郑板桥艺术上的灵感和突破。

没有经历过矛盾和痛苦的心灵，是产生不了伟大的艺术的。

1736年，郑板桥在北京参加会试，一举得中进士，这一年他44岁。他用一句"我亦终葵称进士，相随丹桂状元郎"表达了他由衷的喜悦。

从此，他以"康熙秀才、雍正举人、乾隆进士"自嘲并自诩。

但这种喜悦并没有维持多久。

考中进士，只是取得了为官的资格，至于何时授官，授予何种官职，则又是一个充满不确定因素的未知。

他在北京等待，寻找机会。一年之后，依然无果。在江西富商的资助下，他娶饶氏为妾，再次返回扬州。

1737年，在他返回扬州的这一年，乳母费氏卒。

近6年的时间里，他一直为做官之事上下干谒。他作诗赠淮南转运使卢见曾，他为董伟业《扬州竹枝词》作序。当然，真正对他起到实质性作用的是慎郡王允禧。

1741年，他应慎郡王之诺，入京候补官缺。为求允禧援引，他赞誉其诗"无一点尘埃气"，说他"似王摩诘，似杜少陵、韩退之"，这种竭尽恭维的言辞，让人看了不得不感叹他世俗、圆滑的一面，不得不惊叹世俗对一个人的碾压达到了何等程度，不得不让人思考一个人到底要有多大的力量，才能活出真正的自我，才能做一个真正的自由人。

也许，我们感叹郑板桥的矛盾矫饰之时，也不得不承认，也许这只是他的权宜之计呢？如果不进入仕途，如果过于刚直，如果不以退求进，他又怎样能进入官途，怎样实现自己的抱负呢？

毕竟，所有美好的抱负与宏志，必须要依托一个平台。

1742年，他等待了六年，终于被任命为山东范县县令，此时他已 50 岁。

四 一官归去来

他的县令生涯近十年，2 年任职范县，7 年任职潍县。

为官生涯中，他始终奉行"立功天地，字养生民"的经济之策。他提倡厚养生民，无为而治。在他看来，天道与人道是相通的，凡事不可做得太绝，"留得一份做不到处，便是一份蓄积"，天道如此，人事即在其中矣。

有了以人为本、以民为本的仁爱底子，他的施政方针自然也大大不同于一般的庸官俗吏。

据说，他到范县就任之初，便命人将署中墙壁挖孔打洞，以通于街。人问其故，他说："出前官恶习俗气耳。"

他常常布袜青鞋步行于田垄间，在乡间草野"闲眼看耦耕"，或是深入民间，问寒苦，劝农桑。即使是夜里有公务，也只有两名衙役，擎着书有"板桥"二字的灯笼随行。有时上司下来巡察，衙门里竟寻不到他的身影，哪里有一点官老爷的样子呢？

对于民事诉讼，他本着"与民休息"的原则，用宽容的态度处理纠纷，留下不少佳话。据说，在他的治下，有一对年轻的和尚与尼姑相好，村人将他们捉来见官，板桥却"令其还俗，配为夫妇"。

因为兼有艺术家的习气，他常常饮酒看花，醉了就拍着桌子高声吟唱，皂隶们听了窃窃私语，说他有点疯癫。狂生狂士可以有，但狂官狂吏却为官场所不容，所以他只得收敛自己的性情。

　　但也有收敛不住的时候，毕竟他的真性情无法时时约束得住。而他的这种文人习气，让他最终在这个官场碰壁。一次因公晋省，上司在趵突泉举行宴会，上司知他有才名，让他即席赋诗。在别人看来，这是一次难得的讨好上司的机会，而他偏偏写了这样一首诗：

　　　　原原本本岂徒然，静里观澜感逝川。
　　　　流到海边浑是卤，更谁人辨识清泉。

在他看来整个官场都是浑浊的，在这个大染缸中要保持原本的样子只是徒然。就像是济南的泉水一样，在山泉水清，出山泉水浊，人一旦进入官场，再清的水也变得浑浊。此诗一出，满座怫然，他也因此被指责为讪谤上司。

　　在官场他像个另类，但在乡民面前，他却有着佛心。他认为他能做官，是集家乡东门人富贵福禄于一身，因此他总是将俸钱寄回家去，让家人挨家比户，逐一散给。在他写给四弟郑墨的家书中，他像一个清教徒一样，叮嘱他怎样教育子女做一个温厚的人，怎样与人为善……

范县二年，官声政绩不错，他被调到相对较为富裕的潍县做县令。

在那里他依然用艺术家的狡黠聪明和不拘一格，处理一些民事政事，留下不少佳话。在民间系统中，有关他的传说，远比其他所谓正统官吏要丰富得多。

乾隆十一年（1746），潍县发生瘟疫。第二年，又大旱，赤地千里，人相食。

他决定开仓赈灾，本来开仓的决定权并不在他手里，擅作主张，会获罪于上司。有人劝他谨慎从事，他说："此何时？俟辗转申报，民无孑遗矣。有谴我任之！"

百姓秋后无收，他将官府中的借条大多烧毁，就像当年烧毁自己家中的契约一样。

他利用县令的身份，劝说富户轮流开设粥厂，以食老弱贫残。

他采取"以工代赈"的方法，由政府集资招远近饥民做工就食，一举两得。

面对潍县流离失所的饥民，他写下了一大批有如诗史的诗篇《逃荒行》《还家行》《悍吏》《私刑恶》《孤儿行》《田家四时苦乐歌》，悲天悯人之情，流淌在字里行间。民间痛痒，刻在他的心上。

潍县任上，他的那首《墨竹图题诗》，是他百姓情结的集中体现：

衙斋卧听萧萧竹，疑是民间疾苦声。

些小吾曹州县吏，一枝一叶总关情。

如果为官一任，只有民事政事，只是面对民生，他可能不会越来越觉得无趣。

他要面对的还有整个官场生态。

比如在赈灾之时，朝廷派来了钦差姚耀宗督办，这个钦差驾临之日，将灾情民瘼置于脑后，却迫不及待地向郑板桥索求字画。对别人来说，这是一个难得的机会。而郑板桥手拿画笔，画出几个歪七扭八的厉鬼，讽刺之意，不言而喻。

他的这种做派，哪是一个官场中人应有的样子呢？他心里其实比谁都明白，但他做不到。关键时刻，他的文人习气和真性情总是战胜了世俗规则，跳将出来，将自己置于尴尬的境地。

几年的从政生涯，让他对官场的生态有了更深刻的体验，初入仕途意欲大展宏图的激情在现实中慢慢消退了。救民于水火，济天下苍生的宏愿也难以施展。于是，便有了"难得糊涂"之叹，再配上他独特的书法，这"难得糊涂"几乎成了后人辨识郑板桥的符号。

据说这四个字有来历。

一次郑板桥流连于山野的碑刻，不知不觉天色已晚，他们一行人觅得了山中一户茅舍，打算借宿于此。茅舍的主人是一个老者，自称"糊涂老人"。这糊涂老人有一方不凡的砚台吸引了郑板桥的注意，老人就势请他题字，郑板桥略一思忖，挥笔写下"难得糊涂"四个字，并在落款处写上"康熙秀才雍正举人乾隆进士"的闲章。

"糊涂老人"也非等闲之辈，他笔走龙蛇，为这四个字的题款写了一段跋语："得美石难，得顽石尤难，由美石转入顽石更难。美于中，顽于外，藏野人之庐，不入富贵之门也。"题跋中流露出一种傲岸清绝之气，郑板桥知道，这个所谓的乡野老人定是阅尽人间波澜的隐逸高人。

这样的人生境界，不正是身在官场囚笼、身在名利束缚之中期待自由，却无法真正做一个自在人的自己所渴求的吗？

是棋逢对手，还是知音相惜？他已分辨不清，他忍不住拿起笔，挥毫步韵，写下了："聪明难，糊涂尤难，由聪明转入糊涂更难。放一著，退一步，当下安心，非图后来福报也。"他知道，一个人要完全放下自己的真性情，顺应世俗的打磨做一个糊涂之人，很难。对他而言，他能做到的，便是放一著，退一步，凡事不要做得太过太绝，留一分敬畏面对天地，留一分真心面对自己，求得现世的安心，便足矣。

难得糊涂，终究是难得糊涂呀！

这"难得糊涂"之叹，究竟是何含义？

是一种蔑视，一种对权威、对传统、对官场种种潜规则的蔑视。我懂得，但我不屑为之。

是一种无奈，是空负其志而无所作为的无奈，是在当时庞大的官僚机器碾轧下左冲右突却回天乏术的无奈，是对种种邪恶与阴暗痛恨却无力尽皆逐除的无奈。

是一种挑战，一种以自我的大勇向整个旧官场和黑恶势力发起的挑战。

是一种选择与放弃，选择刚直，选择不羁的真性情，选择"任尔东西南北风"的坚劲，与这个循规蹈矩、同流合污的世俗有分寸地背向而行。

走大多数人走的路，遵循大多数人遵循的规则，做一个"糊涂"的俗人，也许要容易得多，可他偏偏不能违心以从俗，逐其流而扬其波。

是时候了，是时候离开这个官场了，这种声音不止一次在他心中响起。在县令任上，转眼已是多年。

而这个时候，饶氏为他所生的儿子，也在家乡夭折了。两个儿子皆已夭折，老天似乎故意要绝他郑板桥的后。

幼年丧母，中年丧妻，晚年丧子，人生中的几大不幸，他无一幸免。尤其是晚年丧子，最让人难以消受。

从知天命的五十岁到近耳顺的六十岁，人生已近暮年。这是上天在暗示他什么吗？暗示他，拼过、搏过、奋斗过，而自己能做到的就只有这么多，能改变的也只有这么多。该回家了，该为自己的心觅一方安宁之地，顺着自己的性情，做一个真正的自己，将余下的生活过成自己喜欢的样子。

其实，他大可不必挣扎。他还在为是去是留矛盾时，一纸贬官令已然下达。有人说因他私自开仓赈灾，有人说因他贪婪。

这样的官场，不留也罢。

离开潍县之际，百姓遮道挽留，并自动为他建起了生祠。郑板桥百感交集，他饱蘸浓墨，画了一幅竹，又题下了一首诗：

乌纱掷去不为官，囊橐萧萧两袖寒。

写取一枝清瘦竹，秋风江上作渔竿。

六十余岁的他，头戴岚帽，身着毡衣，带着三头驴，还有一把叫阮咸的琴，离开了潍县。这三头驴，他自己与引路小皂隶各骑一头，另一头驮着两夹板书，一切清简至极，有关他贪婪的谣言，不攻自破。

五 三绝诗书画

为官十年，如果他想贪，有的是机会。

可他说过，他不肯"使人间造孽钱"，敬畏让他自励，仁善让他自立。一切来路不当的银子，用起来都会让他不安心，他宁愿凭自己的才艺，挥洒自己的血汗，挣属于自己的银子。

他又回到了扬州，以卖画为生。

从此江南一梗顽。

六十余年，他经历了人世坎坷，饱尝了人间冷暖，也看透了世态炎凉。种种遭际，激荡在胸中，流露在笔底，他的诗、书、画，在独具标格的个性之上，又多了几分烁炼之后的浑厚圆融。

"一官归去来，三绝诗书画"，这个评价对他来说，是中肯的。

再次回到扬州，他自称"二十年前旧板桥"，其实他已不是那个旧板桥，也许他的初心并没有改变。但对其他人而言，此时的板桥已然不同于二十年前初来扬州的那个板桥。

这个时候的他，是进士身份，更有十余年的县官履历，加上诗书画早已驰名海内，来求他书画者更多了。来者有达官贵人，也有普通小民；有素不相识的，也有沾亲带故的。有知情识趣的，也有死乞白赖的。这种情况，对以卖画求生而又精力有限的郑板桥来说，难以应付。

67岁那年，郑板桥听从拙公和尚的建议，自定了一个"水画润例"。为书画明码实价标"润格"，他是第一人，在整个书画史上，这也是第一次。他是这样定价的：

大副六两，中副四两，书条、对联一两，扇子、斗方五钱。凡送礼物、食物，总不如白银妙。盖公之所送，未必弟之所好也。若送现银，则中心喜悦，书画皆佳。礼物既属纠缠，赊欠尤为赖账。年老神倦，亦不能陪诸君子作无益言语也。

　　读来让人解颐。俗则俗矣，却再次让我看到郑板桥的真性情。不必藏着掖着，不必故作清高，以自己的心血换取自己所需，有什么雅俗之别呢？

　　凭着他的超绝技艺和盖世盛誉，如果他一路画下去，应该可以赚得盆满钵满，但他并没有成为一个唯利是图的商人。一则是他出手阔绰又不善于理财，有了银子，他随意赠给他觉得需要银子的人，来得快去得也快；二则是他卖画，也要看对象。他高兴了，看对眼了，就卖；不高兴了，看不上买者的德行，任你出多少钱，也休想从他那里拿走二指长的小纸条。很多有钱人的钱，他不愿意挣。

　　对他而言，画有润格，也有骨格啊。

　　他的书法，称为"六分半书"，是融真、隶、草、篆、画于一体而另辟蹊径的"无古无今"的独创，布局如"乱石铺街"却又有整体性，字形怪异、夸张、踉跄不安，拙朴犷悍中又带着莫名的

143

隽雅清秀。

既突破规矩，又有一定之规；既张扬个性，又兼收并蓄。这种饱含矛盾与张力的平衡，透出一种灵动之气。在某种程度上，他的字又多么像他这个人！

他的画，以竹、石、兰为主。他以"四时不谢之兰，百节长青之竹，万古不败之石"配他这个"千秋不变之人"。

竹、石、兰，皆是君子人格的象征。

他擅画墨竹，且多师法自然。看这首《题竹石》：

咬定青山不放松，立根原在破岩中。

千磨万击还坚劲，任尔东西南北风。

寥寥数语，写出竹子的高风亮节、坚贞正直。这个在乱石中挺立的竹子，何尝不是郑板桥特立独行、不向世俗低头的铮铮铁骨？

石头，少有人将它入画，而郑板桥笔下的石，也具有强烈的主体精神与个性特色。

在《柱石图》中，他在画幅中央别具一格地画了一块孤立的峰石，直冲霄汉，四周无其他任何陪衬。题诗为：

谁与荒斋伴寂寥，一枝柱石上云霄。

挺然直是陶元亮，五斗何能折我腰。

石之轩昂不阿的气格，是陶渊明，更是郑板桥的心中所向。他有过短暂的迷失，有过矛盾的纠结，但"难得糊涂"的真性情最终占了上风，让他在脱离官场尘网之后，走上了一条相对自我的人生之路。

兰，一直以来是文人喜欢的对象，也是君子人格的象征。郑板桥笔下的兰，也有一种与众不同的特性。他画的兰，总是长在荆棘丛中，充满了野趣，而不是那种不食人间烟火的富贵闲雅的君子之兰。

他画有《荆棘丛兰石图》，画中有一段颇有意味的题字：

> 满幅皆君子，其后以荆棘终之何也？盖君子能容纳小人，无小人亦不能成君子，故棘中之兰，其花更硕茂矣。

兰花与荆棘共处，表达了"历经磨炼，方成英雄"的虚怀若谷与博大器度。无小人亦不能成君子，真君子方能容小人，这是相辅相成的砥砺与磨炼，是一位真正看透人生的智者的智慧之言。

而郑板桥的独异之处，也由此显现。

临终之际，他画了《兰竹石图》，将三种意象融为一体，并题字曰："要有掀天揭地之文，震电惊雷之字，呵神骂鬼之谈，无古无今之画，固不在寻常蹊径中也。"

终其一生，他都在努力突破寻常蹊径，努力做一个没有泯灭个性自我的真人。

虽然，这个过程充满了矛盾。

但若无矛盾，又怎能彰显人性的伟大与丰富呢？又哪来一个"千秋不变"的郑板桥呢？

吴敬梓

儒林怪杰 》》》

谭嗣同在《报邹岳生书》中说："人生世间，天必有以困之。以天下事困圣贤困英雄，以道德文章困士人，以功名困仕宦，以货利困商贾，以衣食困庸夫。"这话说得好极了！吴敬梓就是一个一生困于科举困于家族的儒林怪杰。正因为他生于其中，而又困于其中，所以他才能够有一些常人所无的见解。这见解之犀利、之清醒、之深刻，自然也就是一般英雄豪杰所不可能有的了。《儒林外史》开宗明义说："人生富贵功名，是身外之物；但世人一见了功名，便舍着性命去求他，及至到手之后，味同嚼蜡。自古及今，那一个是看得破的！"若不因创深痛巨，绝不能有这般见识的。那么，吴敬梓究竟有什么痛？他是一个什么样的人？

一 家声科第从来美

吴敬梓生于 1701 年，卒于 1754 年。他的一生，都处在康乾盛世。

他的家世，用他经常自夸的话来说，是"家声科第从来美"。实际情形正是这样，尽管他的先世并非安徽人，但自从迁居安徽全椒以后，从他的高祖吴沛以儒为业开始，到他的曾祖一代，一家五兄弟齐刷刷出了四个进士，唯独吴国器以布衣终其一生。老大吴国鼎和老五吴国龙于1643年中进士，老三吴国缙于1649年中进士，老四吴国对成名最晚却功名最高，他于1658年高中戊戌科一甲第三名，俗称探花。这样的盛况，在哪朝哪代都是绝无仅有的，整个全椒县，没有盖过吴家的了。

这个吴国对就是吴敬梓的曾祖，他与弟弟吴国龙是孪生兄弟。到吴敬梓祖父一代，吴国对的三个儿子吴旦、吴勖、吴昇功名都不高，除吴昇为举人外，吴旦、吴勖都只是秀才。反倒是吴国对的孪生兄弟吴国龙这一支继续发皇张大，至于鼎盛。吴国龙长子吴晟于1676年中进士，五子吴昺于1691年高中辛未科一甲第二名，俗称榜眼，成为全椒吴氏族人中功名最高的人。

再往下说吴敬梓祖父这一代。吴旦是吴国对长子，生有独子吴霖起。吴勖是吴国对次子，生有三子：吴霄瑞、吴霜高、吴雯延，吴雯延就是吴敬梓的生父。

到了吴敬梓父辈这一代，因为吴旦早卒，独子吴霖起年岁已长，尚无子息，眼见长房长孙要绝嗣，这对于封建宗法社会的士大夫来说，是一件十分严重的事情。因此，便从吴勖的第三个儿子吴雯延的众多子女中选择了一子一女出嗣给长房吴霖起为子女。一子即吴敬梓，他是吴雯延的三子，也是最小的一个儿子，一女即吴敬梓的姐姐，长吴敬梓七岁，后来嫁给滁州秀才金绍曾为妻。

在封建宗法社会里，出祧承嗣的现象并不少见，甚至可以说是天经地义，然而对于当事人来说却是关乎一生命运的大事。出嗣他人而不引起种种纠葛的事那是可遇而不可求的，偏偏我们的传主吴敬梓是个性格软弱的人，他幼弱的肩膀扛不起家族的荣光，也抵挡不了家族的风雨，这就注定了他一生都会困于家族，为许多矛盾所纠缠，苦恼终身。

说来有趣，全椒吴氏一族从吴沛算起，经吴国对、吴旦、吴霖起，到我们的传主吴敬梓，恰好整整五代。古人说，君子之泽，五世而斩。这虽然不是铁律，却似乎是冥冥中不可逃避的命运。

二 从出嗣到移家

吴敬梓是跟他的姐姐同时过继给伯父吴霖起为嗣的，过继的时间则是吴敬梓甫一出生，这对于一个尚在襁褓中的婴儿来说，未免太残酷了一点，但似乎唯有这样才最保险。

就像树木的生长一样，移栽是有风险的。吴敬梓的童年如果不是得到阳光雨露太多，就是强行阻断了他顺其自然的发展，因此很难说有什么快乐。他的身体一直是羸弱的，后来又罹患消渴病（糖尿病）和肺病，终其一生受到病魔的缠绕，这也导致他的性格趋于内向发展。

作为长房长孙，吴敬梓是被寄予厚望的。从五岁起，嗣父吴霖起即为其延请塾师，教以仕进。但那些八股制艺的功课却令吴敬梓厌恶，他"不随群儿作嬉戏，屏居一室如僧庵。从此便堕绮语障，吐丝自缚真如蚕"，那些充满生之气息的小说、戏曲攫取了他的心。

吴敬梓长到十三岁，嗣母不幸病故。次年，嗣父吴霖起被朝廷选任为江苏赣榆县县学教谕，嗣父只得将其带往任所。此后九年间，吴敬梓都是在赣榆度过的，此间他曾多次往返于大江南北、淮河两岸、苏皖两省，使得他有机会亲身体察远较故乡全椒一带更为广大的地域，鲜活地接触了现实社会的真情实景。十六岁那年，吴敬梓回到全椒与陶媛儿成婚，婚后约有一年时间，吴霖起十分放心地听任吴敬梓留在故乡全椒岳家居住。十八岁那年，吴敬梓亲往南京侍奉病中的生父吴雯延，并在生父严命下回滁州参加岁考。当吴敬梓考取秀才的消息传来，他的生父也在故乡全椒去世了。

十九岁那年，吴敬梓长子吴烺诞生，吴霖起自然十分高兴，赣榆的家中重现一派生气勃勃。此后吴霖起继续担任教谕，已成秀才的吴敬梓开始安心研读举业，想在功名上有所进取。然而，变故是接踵而来的，首先是他的姐夫金绍曾病故，其次是为人方正的嗣父吴霖起平白无故地被罢黜了县学教谕职务，于是祖孙三代只得回到全椒老家来。吴霖起心中郁郁不平，回乡的第二年就一病不起，很快去世了。从十四岁到二十三岁，吴敬梓就这样身心交瘁地与青年时代告别了。从此，在这寥廓天地之间，他就"茕茕孑立"了。

下一个十年，也就是吴敬梓二十四岁至三十三岁之间，他在热衷科举与狂放不羁中徘徊于歧路，像钟摆一样摆来摆去。嗣父病故后，引起夺产之争，族人之间你争我夺的种种丑态，深刻地刺激了敏感孤傲的吴敬梓。在《儒林外史》当中，吴敬梓借助严监生和严贡生兄弟之间围绕着谋夺财产而展开的立嗣之争的情节，艺术而又真实地把这一切活画出来了。而当他所继承的巨万遗产被族人谋夺侵占后不久，他的爱妻陶氏也因经受不住打击而郁郁以终了。更要命的是，科考的接连失利使他不惜跪拜求情，然而"文章大好人大怪"的他依然名落孙山，至此，他的自尊已然丧尽。族人的倾轧，社会的鄙视，更加助长了他的愤激和狂放，或者也可以反过来说，他的放荡不羁和不婚不宦更加招致了族人的冷眼和社会的指责。有一段时间，他沉溺于歌舞声色之中，通宵达旦地与演员歌女寻欢作乐，过着纸醉金迷的豪侈生活，以至于他只得变卖祖上遗留的田地房产。不久，由于"田庐尽卖"，以致"奴逃仆散"，吴敬梓也就受到吴氏族人和全椒士绅更为严厉的责难，甚至被"乡里传为子弟戒"。

在《儒林外史》中，吴敬梓着力塑造了"自古及今难得的一个奇人"杜少卿，借着这个人，作者似乎是在痛定思痛之后作着自我辩护。

杜少卿的一个本家兄弟杜慎卿是这样描述他的：

他名叫做仪，号叫做少卿，只小得我两岁，也是一个秀才。我那伯父是个清官，家里还是祖宗丢下的些田地。伯父去世之后，他不上一万银子家私，他是个呆子，自己就像十几万的。纹银九七他都认不得，又最好做大老官。听见人向他说些苦，他就大捧出来给人家用。

在他家待了三十年的一个贴心管家娄太爷临死前是这样劝诫他的：

你的品行、文章，是当今第一人，你生的个小儿子，尤其不同，将来好好教训他成个正经人物。但是你不会当家，不会相与朋友，这家业是断然保不住的了！像你做这样慷慨仗义的事，我心里喜欢；只是也要看来说话的是个甚么样人。像你这样做法，都是被人骗了去，没人报答你的。虽说施恩不望报，却也不可这般贤否不明。……你眼里又没有官长，又没有本家，这本地方也难住。南京是个大邦，你的才情到那里去，或者还遇着个知己，做出些事业来。

如此准确、细腻、精彩的描述，应该就是吴敬梓当时生活的实情吧。

在这段不堪回首的生活中，唯一的安慰是一位原籍苏州辗转迁徒到全椒定居的儒医叶草窗，他极其欣赏吴敬梓的才情，毅然将自己的爱女叶惠儿嫁给他为续弦。

在吴敬梓三十三四岁的时候，他怀着"折将去汝"的愤懑心情，作出了一个重要的决定：变卖全椒的祖产，举家迁往南京。他在南京秦淮河边购买了一座住宅，靠卖文和朋友接济为生，脚踏进了南京的文人社会。从此日子又这样波澜不惊地过下去。

1736年，乾隆皇帝登基，开博学鸿词科考试。在地方官的荐举下，吴敬梓心怀犹疑，从南京出发，溯大江而上，到安庆去参加安徽巡抚赵国麟主持的抚院考试。试毕即匆忙返回南京，并在南京参加了两江总督赵弘恩主持的督院考试，但院试没有终场就匆匆离开。最终，安徽巡抚赵国麟根据应试情况荐举了桐城江其龙、宁国李希稷、宣城梅兆颐三人进京参加御试。这次参加御试的有二百六十七人之多，但只录取了十五人。这种做做样子的举动令天下士子极其失望，吴敬梓则在自始至终的矛盾中变得更加清醒了，如果说此前他还梦想着借科举谋一出身的话，那么此后他对出仕已经不抱幻想，对权势者更加鄙夷，发誓不应乡举、不习八股。

为了排解郁闷，是年秋，吴敬梓乃有真州（今江苏仪征）之行，又有故里全椒之行、苏南之行。1739年，吴敬梓行将步入不惑之年，是年吴敬梓又有第二次真州之行。此次真州之行的最大收获是《文木山房集》的刊刻，在至交好友方嶟的资助下，吴敬梓的"有韵之文"得以刊刻问世。方嶟刊刻的这部《文木山房集》，收录的是吴敬梓四十岁以前的作品，而且仅限于诗、词、赋等"有韵之文"，无韵之文一篇也没有收入，所以我们也就看不到吴敬梓在科举上所下的功夫。即便如此，这部文集仍然是珍贵的，如果没有这部文集，我们对吴敬梓将知之甚少。

三 十年沉潜撰讽书

绝意仕进之后，吴敬梓大多数时日都在南京的秦淮水亭从事著述。尽管我们不能明确指出吴敬梓开始构思撰述《儒林外史》起于何年，但是自1739年至1749年这十年间，应该是吴敬梓痛定思痛、沉潜著述的黄金十年。这期间，吴敬梓曾效法其先人善举，参与南京士人修复先贤祠的活动，《儒林外史》中虞育德、庄尚志、杜少卿等人修祭泰伯祠就是讲的这回事。期间，生活的困顿，次子的夭逝，病痛的折磨，年华的老大，都使吴敬梓感到孤独悲伤，然而他创作《儒林外史》的决心却弥久愈坚。经过长期的创作、修改，《儒林外史》大约在1749年即吴敬梓四十九岁时基本脱稿。很快，这部书就在朋友圈中传抄开来。披阅之余，有人击节赞叹，有人深恶痛绝，有人付之一笑。在毁誉不一的舆论面前，吴敬梓的至交程晋芳写诗热情赞道："《外史》纪儒林，刻画何工妍！吾为斯人悲，竟以稗说传。"的确，《儒林外史》将成为创世之作。如果不是吴敬梓创作出这部空前绝后的讽刺小说，那么几百年来又有谁知道在我们的国土上曾经诞生过这么一位伟大的讽刺作家呢!

吴敬梓晚年生活十分艰苦,经常处于饥寒交迫之中,"囊无一钱守,腹作千雷鸣","近闻典衣尽,灶突无烟青"。

1754年,暮年的吴敬梓再赴扬州,主要目的是投靠两淮盐运使卢见曾,并与一些故友至交叙旧。十月二十八日,吴敬梓与友人宴集,痛饮数杯之后,已微有醉意,他不断地吟诵起张祜的《纵游淮南》来:

十里长街市井连,月明桥上看神仙。

人生只合扬州死,禅智山光好墓田。

众人无不诧异。当晚,吴敬梓回到寓所后自行脱衣解带上床休息。不到一顿饭工夫,糖尿病发,引发高血压症,痰涌不绝,连药也没来得及用就谢世了。守护在床边的幼子在卢见曾等人的帮助下,将吴敬梓的遗枢从扬州运回南京,安葬于南京城西北的清凉山脚下。荒烟蔓草,至今已无遗迹可寻了。

四 伟大也要有人懂

鲁迅先生说:"迨吴敬梓《儒林外史》出,乃秉持公心,指擿时弊,机锋所向,尤在士林;其文又戚而能谐,婉而多讽:于是说部乃始有足称讽刺之书。"又说:"是后亦鲜有以公心讽世之书如《儒林外史》者。"这评价相当之高,但又很恰如其分。清末四大谴责小说,如《官场现形记》《二十年目睹之怪现状》《老残游记》《孽海花》等,就其思想深度和艺术造诣而论,都是不能望《儒林外史》项背的。可以说,在整个中国小说史上,《儒林外史》创造了讽刺文学的新范式并把它提高到了空前的高度,至今没有哪一部小说可以超越它。

在这部小说中,作者几乎是全景式地反映了十八世纪上半叶生活在八股科举制度下的知识分子的生活情景和永恒命运。书中所写人物多达三百七八十人,其中士人(包括那些尚未发迹的读书人以及各级官吏、进士、举人、生员和地方豪绅等等)就有一百人左右,此外还有诸如盐商典当、僧道吏役、星相医卜、戏子娼妓、下层群众等其他社会阶层的成员数百人,他们生活的浮沉、境遇的顺逆、功名的得失、仕途的升降、思想情操的高尚与卑劣、社会理想的追求与破灭等等,都在作者的冷嘲热讽之下,采用一目了然和出乎意外两种截然相反的表现手法——写来,看得我们是目瞪口呆、直呼小说比生活本身还精彩。

比如周进之哭:

周进看着号板,又是一头撞将去。这回不死了,放声大哭起来。众人劝着不住。金有余道:"你看,这不是疯了么?好好到贡院来耍，你家又不死了人，为甚么这号淘痛哭是的？"周进也不听见，只管伏着号板哭个不住。一号哭过，又哭到二号、三号，满地打滚，哭了又哭，哭的众人心里都凄惨起来。金有余见不是事，同行主人一左一右架着他的膀子。他那里肯起来，哭了一阵，又是一阵，直哭到口里吐出鲜血来。

又如范进之疯：

范进不看便罢，看了一遍，又念一遍，自己把两手拍了一下，笑了一声道："噫！好！我中了！"说着，往后一交跌倒，牙关咬紧，不省人事。老太太慌了，慌将几口开水灌了过来。他爬将起来，又拍着手大笑道："噫！好！我中了！"笑着，不由分说，就往门外飞跑，把报录人和邻居都吓了一跳。走出大门不多路，一脚踹在塘里，挣起来，头发都跌散了，两手黄泥，淋淋漓漓一身的水。众人拉他不住，拍着笑着，一直走到集上去了。

上面两段都选自第三回，周进、范进这两个人物的出场，为全书定下了一个轻快的喜剧调子，使人在捧腹之余，免不了要追问一下：这些场景，到底是扎根人情世故的真实喜剧呢，还是远离生活真实的荒谬场面呢？这样的追问，使我们一步步接近作者所要达到的目的：对于作为病态社会之支柱的科举制度和封建礼教以及匍匐于其下的畸形士人的辛辣嘲讽。

这样的场景还有很多，但是总体来看，小说前半部分紧凑而又精彩，后半部分散漫而又平淡。《儒林外史》没有一个贯穿全书的故事情节和中心人物，他写的是一连串松散的故事，可以视为一幅跌宕起伏的知识分子命运长卷或者一幅《清明上河图》式的社会风情画。从结构上看，除去第一回楔子和第五十六回尾声之外，整部小说可以分为三大部分。第一部分从第二回到第三十回，主要描写为科举所牢笼、为礼教所毒害的一群士人，作者入木三分地刻画了周进、范进、马二先生等一大批备受科举制度摧残的陋儒、假儒、迂儒形象，淋漓尽致地批驳了娄家公子、杨执中、权勿用等一大批不学无术、道德败坏却自命风雅、装腔作势的假名士、臭名士、酸名士。第二部分从第三十一回到第四十六回，写的是这样一群士人：他们不受八股制艺的牢笼，坚持自己的社会理想并努力付诸实践，但最终理想破灭。第三部分从第四十七回到第五十五回，写的是第二部分出现的肯定人物虽然已成过去，但他们的影响还在，第一部分出现的否定人物依然四处活动，并且更为不堪。整个说来，三个部分给人的印象非常不均衡。

纯粹从文学成就上来讲，《儒林外史》也是一座高峰。它在技巧和风格方面带来了革命性的创新，破题儿第一遭将描写的文字与叙述的文字结合在了一起，并且用的都是白话文。吴敬梓在《儒林外史》中所运用的那种文雅的、超越的笔调以及干净、简洁的白描手法，是此前的小说中从未有过的。第一回中的一段风景描写就好极了，这是散文家的笔调：

> 那日，正是黄梅时候，天气烦躁。王冕放牛倦了，在绿草地上坐着。须臾，浓云密布，一阵大雨过了。那黑云边上镶着白云，渐渐散去，透出一派日光来，照耀得满湖通红。湖边上山，青一块，紫一块，绿一块。树枝上都像水洗过一番的，尤其绿得可爱。湖里有十来枝荷花，苞子上清水滴滴，荷叶上水珠滚来滚去。

然而，吴敬梓之所以写这部小说，大体还是为了替自己生活上的失败作辩护。科举失败了，家族失败了，生活失败了。这失败难道他自己不应该负一部分责任吗？然而，这责任全是他的吗？当他落笔写作《儒林外史》的时候，他对周遭社会的印象更加清晰、鲜活了，对于这个大千世界也大体上趋于宽厚了，《儒林外史》展示给我们的是一种温和的幽默。因此，从更深刻的层面来说，这部秉持公心的讽世之书恰恰又是一部忏悔之书、愤激之书、悲悯之书。

鲁迅先生说："《儒林外史》作者的手段何尝在罗贯中下，然而留学生漫天塞地以来，这部书就好像不永久，也不伟大了。伟大也要有人懂。"悲夫！

袁 枚

人生贵在适意 »»»

　　汉朝张季鹰见秋风起，而起莼鲈之思。人生贵适意，何必羁宦千里以要名爵？

　　很多人都会这样想，但未必真的会这样做。对古代的读书人来说，人生的路有二条：达则兼济，穷则独善。前者是走科举之路，后者多是隐居江湖。

　　但袁枚偏有这样的胆色与性情，他在三十二岁的人生壮年之际，决然转身，抽离官场，在兼济和独善之外，在不仕不隐之外，以自己喜欢的方式优游一生，把生活过成了自己想要的样子，适意得很。

　　他是不拘格套、独抒性灵的诗坛宗主，他是怜香惜玉、好色如好德的闺中知音，他是"好味"的美食家和资深吃货，他是"好游"的驴友和山林散客。

　　他的生存方式，为中国古代士子提供了另一种生存向度和想象空间。

一 抽离官场

袁枚出生于康熙五十五年（1716）三月二日，杭州。

一个盛世，一个温软秀美的江南城市，一个春意微醺的好日子。这似乎有着某种暗示，暗示着这个在盛世江南的春天里出生的孩子，要度过如江南般旖旎而温润的一生。

他是袁家的长孙，袁家是书香门第，祖上也曾辉煌荣耀，但到他祖父这一辈时已经式微，祖父只有两个儿子，长子袁滨即袁枚父亲，因科举不第，长年游幕在外。

袁枚的出生，没能阻挡其父亲继续游幕的脚步，在这个家庭中，由于父亲的长期缺席，祖母和母亲在他幼年的生命中担当了太过重要的角色。

袁家人丁不旺，对这个来之不易的长孙，祖母极尽宠溺，以至袁枚到了弱冠之龄，尚和祖母同眠。而孀居在袁家的三姑沈氏夫人对袁枚童年也极有影响，她在 31 岁时携子孀居袁家，作为一个才女，她只能将浓浓的愁情消解在对侄儿及儿子的教育中，将浓浓的母爱倾注在他们身上。生于深闺之中，长于妇人之手，这样的境遇对一个男孩子的心性势必会产生影响，而这种影响在袁枚以后渐次展开的人生中将慢慢呈现。

所幸，袁枚天赋异禀，几岁时他便对历史古事极感兴趣。后来家人将他送进私塾，师从史玉瓒学《论语》及其他经书。9岁时，一个偶然机会，他窥见了《古诗选》，一下子迷上了诗歌。对他来说，诗歌远比经义有趣得多，他自己研习，竟揣摩出作诗之法。

12岁时，他便中了秀才，且和他40多岁的老师是同科，这样一个早秀的天才，自然博得他人关注。而杭州又是一个经济发达的江南城市，他少时最大的兴趣，便是游走在林立的书肆间，畅游书海，简直就是一个天生的读书种子。"至今所摘记，多半儿时为"，这是袁枚成年后自己的回忆，足见他打下的"童子功"是何等的扎实，实非常人所能及。

14岁时，他写了《郭巨埋儿论》《高帝论》，一反陈言，作翻案文章，显示出标新立异的不俗思想和见识。

随后因学业优秀，他被推荐至万松书院深造，20岁便获乡试资格。

21岁时，他前往叔叔袁鸿所在的幕府，这次广西之行，是有意为之，是为他考进士寻找人脉。而袁枚果然不负所望，以一篇才华横溢的《铜鼓赋》博得幕主的青睐，并在他的引荐下，有了参加博学鸿词科考试的资格。然而，自信而又自负的袁枚，却在此试中败北。

落第后他逗留在南京，一边继续为科考做准备，一边结识了一些朋友，并为自己的生存奔波。初试败北，让一向自负的袁枚冷静下来，他开始反思自己落第的原因。他确实满腹才华，但这种才华与科举敲门砖"时文"有所不符。有才华的人，如果不通时文，不按照八股要求行文，这才华不但无益反而有害。聪明如他，立即调整自己，"降文俯首，惟时文之自攻……于无情处求情，于无味处索味"，他这种快速的调适能力与过人的悟性，竟然让他在无情无味的"时文"中找到独有的味道和乐趣，他掌握了时文写作诀窍。

乾隆三年（1738）秋，袁枚中举，并于次年考取进士，此时袁枚才24岁。

中进士，入仕，做官，这是绝大多数士子的追求，也是他们的人生模式。此时的袁枚，也是这样规划他的人生蓝图的。

这次考试中，他得遇自己人生中的第一个伯乐，刑部尚书尹继善。因为尹继善的惜才爱才，他那首有点问题的应试诗得以过关。中进士后，他被授为翰林院庶吉士，将在这里学习两年，然后根据学习结果分配官职。两年后，因为学习结果并不理想，袁枚被外放为知县。而不理想的原因是要学满文，这些枯燥乏味、在袁枚眼中像蝌蚪一样的文字让他十分反感，他任性不学，结果可想而知。

他被外放至江南溧水任知县。初入仕途的他，像大多数儒士一样，怀抱着勤政为民的理想，准备在知县任上好好干一番事业。而他的吏才很快便得到了显现，尤以断狱公正、清明闻名。接着他又出任沭阳知县，在这个水旱频繁的"苦灾地"，他为民生忧心，组织百姓抗旱、治水、灭蝗，整肃社会秩序，惩治贪官污吏，赢得百姓的心。

乾隆十年（1745），他因政绩突出，改任江宁县令，离开沭阳时，百姓挥泪送他"万民衣"。这样一个"好官"，堪为儒家士子的典范，而他的人生道路似乎也正朝着"达则兼济"的儒家理想延伸下去。

但这真的是他想要的吗？在将近七年的知县生涯中，这种疑问越来越强烈。

对一般人而言，他们会在社会规则之下顺从、适应甚至是如鱼得水，在这样一条既定的人生道路上，波澜不惊地走下去，唯一不确定的便是何时方能升职，升到何种职位。但对袁枚这样一个天才来说，他注定要对这种一成不变的活法产生怀疑，时间越久，质疑越深。

他知道自己个性中的不耐。他不耐八股，因为那是固定的束缚人性灵的程式化写作；他不耐填词，因为那需要依律按谱来进行；他不耐学满文，因为那语言冷冰冰且枯燥乏味。那么，他也要不耐仕途吗？因为仕途之戒律清规，正如八股之程式束缚着涌动在他灵魂中的性灵与生命力。伴随着不耐的是不羁，是冲决一切罗网和规则，是不会憋屈自己去适应某种规则。他就是他，要活得舒展，活得真实，活出一个真正的自己。

他曾说当一个小小的俗吏，"台参耳，迎送耳，为大官作奴耳"，不过是做些早请示晚汇报，做些迎来送往的无聊事情罢了，在大官面前还得曲意逢迎，像奴才一般驯服且泯灭自己的人格个性。如果做官，只是办事，只是为民尽心尽力也便罢了，做官自有一套人际交往体系和处世之道，不循此道便自讨苦吃。他自问，满腹才华，这世间的路难道就这条要走到黑？

他能想象，如果一直这样走下去，会是什么样子。"食作前日味，事作前日调。一日复一日，一朝复一朝"，这种循环往复、如死水般的日子，是自己想要的吗？对一个充满生命力，充满求异求变的人来说，这无异于一座牢笼。

二 经营随园

离开官场，随园便成了他安身立命之所，不只是心理上的，也是实际生存意义上的。

他花了三年时间修葺随园，几乎耗尽了他辞官时所拥有的六千两银子。后来20多年里，随园又经过三次改造，愈加完美。

随园，最早是原江宁织造曹寅所建，后经雍正查抄，归继任隋赫德所得，名为"隋园"。袁枚自己说，此园便是曹雪芹《红楼梦》中所谓的"大观园"。经他大力改造，"就势取景，而莫夭阏者，故仍名曰'随园'"，"随"字带有顺势而为、不违自然性灵之意。

随园是他未正式请辞前一年购得，可见他是苦心孤诣要经营好这片园林。也就是说，在购置随园时，他已经着意将它打造为文化名片了。

随园初步改造之后，他又有一个别出心裁的决定：拆除随园的樊篱和围墙，任外人自由出入观赏，"放鹤去寻山鸟客，任人来看四时花"。

随园四季之景极美。山上高处筑江楼，低处置溪亭；山涧上架小桥，河流中添小舟；水中养莲栽荷，山坡种树植竹。尽得山水造化之妙，尺幅千里之势，于有限的空间中给人无限的驰骋怀抱之思。城里城外的人纷纷慕名前来，每个人都成了随园的游客，也成了随园的传播者。

更重要的是，那里有文化气息。做一个商人不难，但做一个儒商，并不是人人都能办到的。袁枚以得天独厚的文学才华和诗坛宗主地位吸引着一批批文人骚客或达官贵人。他还在随园修建了多个藏书堂，网罗天下好书，多达40万卷，称得上私人藏书之翘楚。很多人慕名来借，那句有名的"书非借不能读也"便由此而来。晚年他又将所藏之书散去十之六七，惠及别人。

任性任情，人人皆想，但这一切都得以经济基础为依托。如颜回一样"箪食瓢饮"而自得其乐，如陶渊明一样"采菊东篱下，悠然见南山"，这样的人毕竟太稀少了。大多数人还是得解决了衣食之需，才能自由无碍挥洒人生。

袁枚的过人之处在哪里？他靠什么打下坚实的经济基础？

靠稿酬。凭借渊博的学识和过人的才华，他赚足了声名。他和纪晓岚并称为"南袁北纪"，他和赵翼、蒋士铨合称为"乾隆三大家"，不但文人士子靡然风从，便是达官贵人、耆旧名流也多有攀援。有人出高价让他写传记，写墓志铭，写序写题跋，写一些应酬性的文字，一篇文章的润笔费有的竟高达千金或数千金。他们消费着袁枚的名气，而袁枚则消耗着他们的银子。除了替别人写文字外，他将自己的作品随园诗文、诗话等刻印成书，定价售卖，也赚得了可观的稿酬。

靠收藏。雄厚的经济基础为他的收藏提供了条件，而收藏反过来又成为一种滋养。他曾自言"好珪璋彝尊，名人字画"，在藏书的同时，他还收藏文物古董。他购西方玻璃建"琉璃世界""水精域"，作为藏品屋，同时又吸引大量慕名前来观瞻的人。

靠租赁。他精通治生理财之道，购下随园后，他又将随园东西两面的山林田地和池塘买了下来，分租给别人种植粮菜果木、饲养家禽。既收取了租金又为随园美食提供了鲜活的原材料和土特产。他还在别处广置田地屋产，以租赁赚取不菲收益。

收弟子。他文名在外，既通八股时文，为科举士子指点迷津。又倡导性灵写作，写诗写文，一大批富家子弟以投入其门下为荣。更为独特的是，他还招有一批女弟子，这在当时是新异之举。所收门生，多非贫家，所得学费，可想而知。

还有一些达官贵人，因慕其名或是附庸风雅，争相与之结交，并以各类昂贵的礼物相馈赠。这些馈赠，也是一笔可观的收入。

随园之名，袁枚之名，交相发酵，他因之自号"随园老人"，萧散闲淡之气外，谁又能明白"随园"之于袁枚的意义？

名和利，往往结伴而行。"随园"和"随园老人"，携手在背离官场后，走出了属于自己的康庄大道。

袁枚的胆识和才情，挥洒得越发无拘无束、无边无际了。

三 美文美色

袁枚曾自写一联："不作高官，非无福命只缘懒；难成仙佛，爱读诗书又恋花。"

是不是真懒，另作一说，但爱读诗书又恋花，却是真的。

他好文，以文赚得大名，又借文造势，大获其利。他恋花，不只是自然怡人之花，还有美色。

美文和美色，一个是形而上的精神寄托和愉悦，一个是形而下的感官之乐和享受。

在后人看来，袁枚首先是一个文学家。当初他抽离官场时，也曾说他只想做一个专业的文人。

他在诗、文方面各有建树，每一面都达到了相当的高度，也在当时产生了极大的影响。很多古代文化名人生前是寂寞而贫困的，他们的作品要待未来时空的知音去检阅，他们的光芒也只在身后绽放。而袁枚不一样，他显于当时，因而也活得滋润自在。而这种自在又促使他将性情挥洒得更加无碍。

在诗歌方面，他别出心裁标举"性灵"，以与沈德潜的"格调说"和王士祯的"神韵说"抗衡。

何谓"性灵"？袁枚说："诗者，人之性情也；性情之外无诗。凡诗之传者，都是性灵，不关堆垛。"所谓的性灵，就是从人的内在情感需求出发，从人的内心真实流出来，目遇之而成色，耳得之而成声，风行水上，自然成文。据我个人的理解，就是讲求"真"，情真、景真，意真，事真。

再看看王士祯和沈德潜，一个主要生活在康熙朝，一个虽生活在乾隆朝，但长袁枚几十岁，二人皆为朝廷所器重，在某种意义上二者几乎代表官方主流文化思想。王之"神韵说"，以所谓的清真醇雅的气象为胜，在迷离模糊的意境中粉饰太平；沈之"格调说"，倡温柔敦厚的诗教，倡复古模仿。

袁枚所谓的"性灵"，要求出自自我性情，这便为人流露一己之真情实感提供了渠道；而性灵又不关堆垛，这便使人不必寻章摘句，不必引经据典，在操作层面上也变得容易实行。人人皆有自己的性情，只需真切表达流露即可，这对广大文人来说，实在是一种便利，也是一种福音。而这不正是袁枚善于揣摩人性人心的高明之处吗？

当然袁枚的"性灵"之理论，必需辅以创作实绩，必需让人有本可依，有典范可追摹。袁枚从来不缺才华，他说得出理论，也写得出范文。他有《随园诗话》作为诗歌理论被追随者奉为圭臬，也有如《苔》《十二月十五夜》这样小巧精妙、独抒性灵的诗为追随者垂范。

来看看《苔》："白日不到处，青春恰自来。苔花如米小，也学牡丹开。"在春风阳光不到的地方，也有青春萌动。哪怕像米粒般卑微的苔花，也要像富贵之花一样傲然盛开。苔花静静躺在角落里，以生生不息的力，绽放出满心的欢喜。苔专注于自己的精彩，无须他人喝彩，活出最闪亮的自己。这样的自信和适意，不正是袁枚自我精神的流露吗？任情任性，活出自我，活得精彩，只是相比苔的寂寞和卑微来，他已然像牡丹一般轰轰烈烈。

在文的方面，袁枚留有《子不语》和《随园食单》。后者暂且不论，且看《子不语》。《子不语》得名于孔子的那句"子不语怪力乱神"，他反其道而行之。凡孔子认为不能语的，便是他要说的，而一部《子不语》便是怪力乱神的结集。

《子不语》和《聊斋志异》及同时代纪晓岚的《阅微草堂笔记》鼎足而三，成为中国文言短篇小说的高峰之作。如果说《聊斋志异》以情节遣辞取胜，《阅微草堂笔记》以说理见长，《子不语》

则以叙事简括省净见长。

有人说《子不语》是袁枚标榜个性、标举性灵在小说上的体现。从取材上看，它就是不落窠臼的，它毫不避讳地展示了一个鬼怪作祟、天昏地暗的残酷世界。没有《聊斋志异》的温情和理想主义，有的是权术、利益、色情作威，有的是尔虞我诈、勾心斗角的人间丑剧。

他批判程朱理学，肯定人的本能欲望，对美好的爱情有赞扬，对历史的虚谬有质疑，高扬人道主义的旗帜，将人还原为真实本原的人。

他以游戏的态度逃避崇高，高扬着自我的人格和性情，呈现出离经叛道的异端色彩。

但在某种程度上，窃以为《子不语》张扬的不只是袁枚的某种性情人格，它更是袁枚揣摩世态人情之后的聪明趋利之举。试想怪、力、乱、神，哪个不是正好满足了广大市民的猎奇心理和窥探欲？那些无法晾晒在阳光下的，那些在私心里揣测或是在民间发酵的东西，如今被袁枚网罗得来，以戏说的态度呈现出来，满足了多少人！

恋书和恋花，贯穿他生命的始终，不分伯仲。

恋花即恋美色。他妻妾成群，以无子为名时时买春。他广招弟子，男女弟子皆有。男弟子中姿容俊美者，尤得宠爱。女弟子是他晚年方广为吸纳的，在群花般的女弟子中，袁枚虽只是赏心悦目，但也给他暮年的生活增添了无限的生命力。

他24岁考中进士后，便奉命回乡完婚，妻子是王氏。此后因为一直没有儿子，本来嗜好美色的他以此为借口，名正言顺地一再纳妾，他尤爱女子肤白而细腻者，纳妾时以此为标准。先后有陶姬、聪娘，子嗣本不繁，偏两人都各自产下一女。再纳陆姬，产下一子，只半日便夭折，可叹他只作了"半日父"，然后有金姬，因无法为他生子，又自荐其妹凤龄。后来在袁枚63岁时为他诞下一子的是钟姬，诞子之后，他纳妾之念才慢慢淡了下来。

"随园弟子半天下，提笔人人讲性情"，上至朝廷，下至市井负贩，皆贵重之，海外也有人慕名前来，欲列其门墙之下。他的男弟子中最受宠者是刘霞裳，袁枚曾戏称其为"可儿，可儿"，晚年刘霞裳曾三次陪他出游，此外吴文安、陆才官等少俊，也多以貌美著称。

他的女弟子近30人，多为晚年所收。他曾和女弟子孙云凤、孙云鹤、徐裕馨等11人办湖楼诗会，风雅极一时之胜；他曾与骆绮兰、钱琳、席佩兰、金纤纤等9人，办"绣谷园会"，引人注目。又曾与女弟子泛舟游西湖，引人瞩目的同时也引人侧目。在道学家章学诚眼中，袁枚"斯乃人首畜鸣，人可戮而书可焚矣"。

袁枚的女弟子多为官宦或富商人家姬妾，一般人家的女子也不可能参与这种风雅之事，而女弟子所执弟子礼，可想而知。当然，对袁枚而言，川资或许不是他所求，也不是他的本意，他是出于对女性的尊重，对女子才情的欣赏，率性而为的。

"女子无才便是德"，这话虽有失偏颇，但也不无几分道理。古来才女多薄命，所谓情深不寿，慧极必伤，大概是女子的定数。袁枚的妻妾中陶姬通诗文，但早逝。他给女弟子金纤纤写墓志时也说，女子美者命多不偶，有才者命多薄，才华与美貌兼备者，注定早夭。

自古红颜多薄命，多情反被无情伤。但这些多情的女子，袁枚以一种平等、尊重的态度，给予理解和同情，他之"好色"，也有可爱可叹之处。

对"好色"，袁枚自有一番理论，他说："惜玉怜香而不动心的，那是圣人；惜玉怜香而心动的，那才是人；至于不知玉不知香的，那简直是禽兽。人不是圣人，哪有见美色而不动心的呢？知道惜玉怜香，这正是人与禽兽的区别。……男女相悦，必存在情欲，这是天地生万物的本心。古代卢杞家中无小妾，但他仍是小人；谢安携妓出游，他终是君子。所以好色与人品无关，大可不必讳言。"

他曾镌一枚闲章，自称"钱塘苏小是乡亲"，并将这枚章刻在自己的书上，送给向他索书的某京城尚书，结果这个尚书是个道学先生，大动肝火，在袁枚一番解释后依然不依不饶，袁枚一怒之下，说："你羞与苏小小为伍，但几百年后，恐怕人家都只知道苏小小之名，却不知道你尚书是谁。"说完拂袖而去。

四 美食美景

他好美文美色，亦好美食美景。

美食满足口腹之欲，是人的基本需求。美景对袁枚来说，则是维持他生命热情的良药。静中易腐，动才有生气，晚年的袁枚，在无牵无绊的情况下，以极大的热情壮游山河。

"人莫不饮食也，鲜能知味也。"袁枚好美食，是一个地道的吃货，但他也是一个生活美食家。

随园人气极旺，部分原因还在于它独有的美食。

乾隆高压的文化统治下，袁枚很聪明地选择了风花雪月，选择了大谈美食。孟子说"君子远庖厨"，他偏偏不当儒家所谓的那个君子，不但近庖厨，还将四十年来的饮食心得编为一本书，名为《随园食单》。游人在畅游随园之后，无不以品尝随园私房菜为乐，而这也在无形中增加了袁枚的收入。

袁枚对美食的搜集到了痴迷的程度，他每尝一种美而新的食品，必差厨师亲自前往讨教方子。上至达官贵人府中，下至市井特色小吃，他一一网罗其中。而他府上的厨师王小余，也是京城名厨。当有人问他为何在袁府一做十几年不离开的时候，他说因为袁枚是美食的知音，知音难求，故而不离。

《随园食单》填补了中国饮食文化的空白。以往的书中也有人

174

写到吃，但语焉不详，笼统带过。就像《水浒传》中，施耐庵也写吃，但他只能粗略地说大碗吃肉、大碗喝酒。《三国演义》中也只能说水陆杂陈，觥筹交错，具体是什么样的色香味，只是一团黑。

袁枚不一样，用李国文先生的话说，那简直是前无古人，后无来者。因为中国自古至今的食谱，都是技术性阐释，数字化的概念，而袁枚写的随园私房菜，文化气和文学味极浓，既风雅又有实操性，让人不得不慨叹，他会吃，也会写吃。他说得出子丑寅卯，读的人也口舌生津，欲罢不能，这便是一种境界了。

在美食之外，袁枚还写了茶。他在壮游时尝遍各地名茶，并且将它一一记载下来。他描写常州阳羡茶："茶深碧色，形如雀舌，又如巨米，味较龙井略浓。"提到洞庭君山茶，他说："色味与龙井相同，叶微宽而绿过之，采掇最少。"

他写下许多茶诗，写了制茶方法，保藏茶叶的方法，泡制茶叶的水质等等，为茶文化增添了一抹亮色。

美景对袁枚来说，尤其是对晚年的他来说，无异于保持生命力的一剂良药。

早年至广西桂林，科考，返乡，一路北上南下，将中国东部看了个够。

63岁之后，他自言"游踪万里诗千首，输与先生放胆行"，无牵无挂的他，畅游山河，保持着旺健的生命力。

66 岁，在刘霞裳的陪同下，游天台山、雁荡山。

68 岁，与刘霞裳共游九华山、黄山。

69 岁，正月起至次年初，近一年多的时间，漫游岭南各处，途径七个省。

71 岁，游福建武夷山，历时 4 个多月。

73 岁，重游当年曾任知县的沭阳。

77 岁，二游天台山。

79 岁，三游天台山。

80 岁，又出游吴越之间；即便是 81 岁还出游吴江……

要知道，古时交通不便，以袁枚这么大的年纪，能够承受舟车劳顿、跋山涉水之苦而兴致不减，如此频繁、长时间地出游，其身体状况之佳、精神之矍铄可见一斑，难怪当时便有人称赞他"八十精神胜少年，登山足健踏云烟"。

一直到 80 余岁，袁枚才自感精力衰减，停止游踪。

曾有相士算命说袁枚 63 岁才能有子，76 岁寿终。结果他果然在 63 岁得子，这让本来半信半疑的袁枚对相士的话不得不信。76 岁这年，袁枚自感身体衰弱，且一年来时时为疾病所困扰，这年他没有出行。想到相士说的话，他感觉自己的大限是真的要到了。这一年，家里的人和他自己，仿佛都在静静等着他的死亡来临。

结果，他熬过去了。

仿佛劫后余生般，他为自己写了一首诗来庆贺。

暮年的袁枚独出心裁，在随园为自己建生圹，在旁边还留下了妻妾的位子。又自作挽诗，写好后分寄出去，广邀友人弟子唱和，给他写挽联，这种举动也是旷世未有。

他不信佛教，不信理学，不讳言生死，活得达观且潇洒。

临死之前，他叫来了过继的儿子阿通和自己的儿子阿迟，留下了遗言，遗言中详述他早年求学为官之艰辛，中年卖文为生，建随园之不易等等。他希望死后，他们两兄弟能撑三十年，他在九泉之下亦能瞑目。他嘱咐他们著作之木版，要好好收藏，公版公卖。丧葬从简，50两银子便可，不必请和尚做法事；墓碑从简，只需刻"清故袁随园先生之墓"。所留家产现银二万两，田产折合万余两，好自经营生息。

1798年1月3日，这位阳春之子，走完了他的生命历程，享年83岁。

袁枚生前曾请当时有名的画家罗聘为他画像，家人认为颇不像他。面部严肃，略带忧郁，目光侧视，但手里托着一枝菊。后清代画家叶衍兰为他画像，画中的他方脸宽额，似乎没有阴柔之气。到底哪个才是袁枚的真容？后人无法得见，只能揣测。

但在世人纷纷揣测袁枚之真容时，我却看到了两幅画的共通之处：一手皆托着一枝花。这枝花，颇具意味，是他"既读诗书又恋花"的"花",是"花竹泉石"之"花",还是如君子般淡然的菊或出淤泥不染的荷?

尤其有意思的是他的手,叶氏所画的袁枚的手,纤细白嫩得尤胜女子,又作兰花指状,让人浮想联翩。

曹雪芹

繁华过后是苍凉 »»»

《红楼梦》在中国文学史乃至世界文学史上的崇高地位，无可置疑。

《红楼梦》的作者是曹雪芹吗？曹雪芹的生年几何？卒年几何？曹雪芹到底是曹颙的遗腹子，还是曹頫的儿子？却都无法定论。

作品大于作者，是作者的幸还是不幸？也许他们是幸运的，因为只要作品活在后人心中，作者就永远活在后人的心中。也许他们是不幸的，掩埋在青史红尘中，永远是一个谜。

读其书，想见其人。

如果给曹雪芹画一幅像，我想大致是这样子的：他的外形是落拓困顿的，因为现实生活中的他几乎连自己都养活不了；他的目光是犀利的，带着一丝寒意，因为他洞穿了生活、生命以至整个人类命运的本质，像雪一样冰冷；但在寒意背后，闪烁着一点微光，像雪中的春芹，昭示着不死的希望和生命力。

虽然是冷眼看穿，到底是热肠挂住。这句用来评价庄子的话，用在曹雪芹的身上，也同样适合。

周汝昌先生是这样评价曹雪芹的："他是不寻常的，坎坷困顿而又光辉灿烂……他有老庄的哲思，有屈原的骚愤，有司马迁的史才，有顾恺之的画艺和痴绝，有李义山、杜牧之的风流才调，还有李龟年、黄旛绰的音乐、剧曲的天才功力……他一身兼有贵贱、荣辱、兴衰、离合、悲欢的人生阅历，又具备满族与汉族，江南与江北各种文化特色的融会综合之奇辉异彩。"

一 极贵极贱的身份

曹雪芹的出生年月没有定论。

有专家学者认为他出生于康熙五十四年（1715），时年任江宁织造的曹颙病逝，其堂弟頫接任任江宁织造，曹雪芹是其兄的遗腹子。有学者认为他出生于雍正二年（1724），时年是雍正继位的第二年，政治气氛尚在波谲云诡之中，各种力量还没有达到一种均衡状态。

但他出生的具体日期是确定的，农历 4 月 26 日。这意味着夏天已经登场，快到芒种了。芒种时节前后，各种花神宣布退场，接下来该是一派"绿肥红瘦"了！

这真是一个很有意味的日子，春光已逝，百花凋零，民间会有

"饯花神"的活动。曹雪芹以这样一个与"千红""万艳"告别的姿态，来到了人间。

据说，曹雪芹出生前，干旱已久。焦渴的大地亟需一场淋漓的时雨。时人认为，天之异象在一定程度上意味着政事失调，而当时也确实处在皇子夺嫡、风云莫测的特殊时期。但曹雪芹满月后数日，"时雨叠沛，四野沾足"，颇借此吉象，给他取名"霑"。

"霑"来自《诗经·小雅·信南山》："既优既渥，既霑既足，生我百谷"，一场及时雨，既"生我百谷"，又把美好的希望种在了普天下人的心田里。

历史上，几乎每一位杰出人物降生时，上天都会垂下异象。

古人的名不是随便用来叫的。在"名"之外，男子还会有字，有号。"字"一般是男子行冠礼之后所取，而"号"则多半缘于各自的志趣、心境或修为。

曹雪芹，字梦阮。"阮"指魏晋名士"阮籍"，他是越名教任自然的"竹林七贤"之一，他是"口不臧否人物"的阮籍。他用"青白眼"看他喜欢和不喜欢的人，他用佯狂和"穷途之哭"避世，他对"醇酒"和"美妇人"有种超乎寻常的爱好。

自由不羁、超越于世俗常规的形迹下，掩藏着一个极孤独、极痛苦的灵魂。

他，是曹雪芹的精神偶像。顺着这个"梦阮"的号，我们可以窥见曹雪芹心灵世界的端倪。

相对于名或字，号是最能代表一个人的个性或心性的。曹雪芹正是以其号"雪芹"立于世界伟大文学家之列。据考，"雪芹"二字出自苏轼《东坡八首》之三："泥芹有宿根，一寸嗟独在。雪芹何时动，春鸠行可脍。""东坡"之号，是苏轼被贬黄州，完成他的生命突围之后给自己取的。写于黄州的这首诗，流露出他达观知命的自适与从容。哪怕掩埋在严寒冰霜之下，东坡看到的仍是不死的生命力和不灭的希望。只要一息尚存，在春天的第一缕阳光照在冰封的大地上之际，泥芹仍然会以一寸宿根重新焕发出生机和活力。更妙的还有，雪芹还没有萌动，这个可爱的老顽童居然幻想着用雪芹就着春天肥美的斑鸠炮制美味。

从他的生日，到他的名，他的字，他的号，我们大致可以勾勒出曹雪芹的精神轮廓了。他生于百花凋零时节，有一颗天然唯美感伤的灵魂；他向往阮籍的自由不羁和东坡的旷达自适，只有自由才能给易逝的生命赋予光艳和芳菲；他用极为悲悯的目光俯瞰众生，接纳和包容他们的一切痛苦和不完美，却始终没有放弃希望，始终没有逃向虚无之境。

他的身份很矛盾，极尊贵又极低贱。

尊贵在于，他们是"在旗的"内务府包衣人。

满人当时分为八旗，其中镶黄旗、正黄旗、正白旗是上三旗，其余五旗是下五旗。上三旗由皇帝自将，下五旗为王公分领。

曹家先祖隶属于多尔衮统领的正白旗，后从龙入关。但他们始终是奴隶的身份，世世代代为"包衣人"，为皇室贵族的家奴。他们管理着皇家的财产、收入、饮食、器用、各项日常琐事、各种相关礼仪，一方面"呼吸通帝座"，极为显贵；一方面，又至为低贱，始终是主子的家奴，在严格的等级和身份地位的束缚下，没有半点自由可言。他们的生杀、婚配、财产权，几乎都由主子支配掌控。

"奴才"，这两个字是怎么写的？对曹家人来说，一言难尽。他们享受着皇族的施舍，有着炙手可热的权势、有着普通人享受不了的荣华富贵，但这一切都如沙上建塔，外表看起来威严显赫，却始终缺少根基。皇族的一呼一吸、一举一动，一点风云色变，都会动摇他们的塔，甚至是连根拔起。

二 极盛极衰的家境

曹雪芹的先祖，就是在这种极贵极贱的身份之下，绵延了几代。

至曹雪芹出生时，已是第四代。

内务府常管着税收、盐政、织造、窑、矿等各种实利丰厚、事关民生的项目，曹家掌管的便是织造。

曹雪芹的曾祖曹玺在江宁织造任上20多年，于康熙二十三年

（1684）死于任上。其妻孙氏，曾是康熙的保姆。后来康熙南巡时，曾亲笔御赐"萱瑞堂"匾额，以褒扬孙氏之恩德。

曹雪芹的祖父曹寅于1692年继任江宁织造。在任江宁织造期间，曹家曾四次接驾康熙南巡，富贵荣宠达到极盛。但四次接驾在带给曹家无上荣光的同时，也使曹家元气内耗，为了支撑这豪华的门面，亏空了数以百万计的银子。这为曹家后来的败落埋下了伏笔。

康熙五十二年（1713），因为曹寅的病故，其子曹颙继任江宁织造，但没到二年，曹颙病亡。后曹頫过继给曹寅为子，接任此职。

四代三人，60多年间，曹家真正是"鲜火着锦，烈火烹油"，只是随着康熙的老去，随着夺嫡之争变幻莫测，繁盛的曹家早已嗅到了"风起于青萍之末"的微妙气息。

而曹雪芹，就在这样一个微妙的时代和家庭氛围中诞生了。

从曾祖，到祖辈，到父辈，曹家一直人丁不旺，每一辈兄弟二人，又总有一人早亡。到曹雪芹这一辈时，就只留下这个孤孙，这对曹家来说，是太珍贵了。也正是因为这个特殊原因，他极受祖母宠爱。

从康熙五十四年（1715）出生，至雍正五年（1727）曹家被抄家，这十三年间，幼年的曹雪芹有如怡红公子贾宝玉，过着锦衣玉食的"公子哥儿"生活，承载着曹家几代的宠溺与期待，用清澈的目光打量着这个光怪陆离的名利场，用锐感的心灵捕捉着春去秋来中潜藏的兴衰律动。

曹家被抄，并非突然而至。

早在雍正元年，曹家的至亲、曹雪芹的舅爷爷李煦一家，已处于抄家的水深火热之中。这位被人号称"李佛"的康熙旧臣，在新皇帝即位之初，便成了新政打击的对象。李家被查抄正是由于巨大的亏空。75岁的李煦最终在流放苦寒之地途中冻饿而死。

曹李两家，骨肉相连，筋脉一体。李家被抄让他们明白，这也是自家即将面临的命运。在命运的风暴席卷一切之前，他们在不安中焦急地等待着命运即将布下的局，他们不是没有挣扎。奈何，雍正早已向𫖯发出警告，不要"跑门路"，否则只会自食恶果，让事情变得更糟糕。

与曹家密切关联的人，也于雍正初年一一遭遇变故。

曹雪芹的大姑丈，纳尔素此时被圈禁。

曹寅的妹夫傅鼐，本是户部侍郎，也因隆科多的垮台，被"九条锁链"锁解进京，最终被发配黑龙江。

六亲同运，一荣俱荣，一损俱损。

雍正五年，濒临绝境的曹家，在接二连三地被斥责、被严审后，终于迎来了被抄家的结局。𫖯罢职待罪的这一天，正是十二月二十四日，民间的"小年"。在人人都欢天喜地地迎接着新年的来临时，曹家却等来了抄家结局。

所有的财产要被封查，所有的人要被赶走，一夕之间，曹雪芹失去了生活中必需的一切，陷入一种前所未有的绝境之中。

大祸临头的恐惧，就这样席卷了这个小小少年的心。此时的他，还不知道什么叫无常，但这种巨变带来的震动和虚幻不实之感，令他一生也难以忘怀。

在万民同庆、举世欢腾的日子里，曹雪芹随着他的家族，迎来了人生中的至暗时刻。

这时的他，只有十三岁。

柔弱的心灵该怎样承受并消解这一切？其间经历了多少挣扎与无奈，局外之人难以体会其真实的痛苦于万一。对任何一个人的孤独与痛苦，我们都只是隔岸观火，永远无法替代，无法真正理解。有些路，只能一个人独自走下去；有些黑暗，只能独自去穿越。

如果在这种挣扎与穿越之中，你走出来了，你的人生因痛苦而加冕。要么，就是直接被黑暗吞噬毁灭。

所幸的是，他没有被吞噬。于是，便有了后来将这段人生演绎成中国古典小说的顶峰的《红楼梦》。

顶级的艺术，往往源自生命中的巨大落差。

比如李煜、李清照。

这种反差让人体会到冰火两重天，体会到失意与得意，体会到兴与衰，体会到荣与辱，体会到拥有与失去。同时，给人一个能更好地看清世态与人心，看清人性的复杂与幽微的境遇。没有这种切肤之痛，没有这种两极的淬炼，生命的底色终究单薄了些、轻浮了些。

生命中经历的点点滴滴，汇聚成记忆的涓涓细流，最终融成浩浩荡荡的生命巨川。

十三岁的他，已经经历了生命中的第一次巨变。未来的日子，还有什么样的光怪陆离等着他？

抄家的结果，让抄家之人和皇帝都有点失望，因为他们并没有抄出传言中的巨额财富。甚至，显得很寒酸。

皇帝开恩，给了曹家一个容身之所。这个容身之所，便是北京的蒜市口，一个有着十七间房屋的小四合院，在北京城外西郊。这里远离皇室，远离权贵，能更多接触到形形色色的底层人物。

我们无法预测曹雪芹正在经历的一切，到底会给自己今后的人生带来什么样的影响，烙下什么样的印记。但我们无法否认，你所经历的一切，都会在未来某个不确定的时候，以某种奇异的方式影响你的人生命途。

自此后，曹家从江南繁华地，来到了江北。

三 谋道：一个离经叛道者在世俗标准下的挣扎

贾宝玉是一个与传统士大夫迥异的形象。作为家族的主体，他不为家族"谋食";作为国家的主体,他不为社会"谋道"。在世俗社会看来,他只是一个"酒色之徒"。但正是这个酒色之徒,有着超越常人的情怀,他的一生,追逐美和爱。高贵的灵魂,在现实的土壤中无法得到供养,最终趋向幻灭。

贾宝玉的身上,有多少曹雪芹的影子?

我们不能将贾宝玉与曹雪芹一一对应,但在离经叛道、在不合世俗标准这一点上,二者绝对有共通之处。

纵观曹雪芹的一生,不也是一个离经叛道者在世俗标准下挣扎的一生吗?只是他在挣扎中并没有迷失自我,而是完成了对自我的超越。

早年的曹雪芹,"托赖天恩祖德,在昌明隆盛之邦、花柳繁华地、诗礼簪缨之族、温柔富贵之乡"享受了一段锦衣纨绔、富贵风流的公子哥生活,每日只是和姊妹一处,或读书,或写字,弹琴下棋,吟诗作画,拆字猜枚,"竟也得十分闲消日月"。

江南的灵秀赋予了他过多阴柔的女儿特色,这与传统士大夫需是顶天立地的阳刚男儿,本身就存在一个奇妙的错位。

他自小聪颖异常,悟性极高,却"不务正业",不爱学八股制艺,而这些正是走上科举之途的必备敲门砖。世俗标准中所说的"谋道",一是要努力读好"四书""五经",二是要把"四书""五经"落实到"经邦济世"的层面。

但曹雪芹不是这样的，他就像他笔下的贾宝玉，对"四书""五经"之流的束缚天性的东西，态度极为冷淡。对"杂学"或是连"杂学"都算不上的读物，凡是抒发真性情的东西，他倒有一种发自内心的喜悦。

所谓杂学，是科举考试之外的各种学问，辞章之学如诗文辞赋是其中最主要的。祖父曹寅不但有丰富的藏书，还颇好诗文，曾刊行过《楝亭诗集》，这一点家学渊源，对少年曹雪芹必有影响。除诗词外，他对《楚辞》《文选》更是精熟，这一切在《红楼梦》中的大量诗词的运用和贾宝玉的身上，有着极好的印证和体现。

如果只是喜好"杂学"，还不足以令其父亲不安。除诗词歌赋外，曹雪芹对白话小说与戏曲也极为痴迷。明末金圣叹评点的六才子书，曹雪芹一定是耳濡目染过的，就像宝玉陶醉于《西厢记》《牡丹亭》这类会"移了性情"的旁门左道之读物一样。

那些儒家传统的"经邦济世"他不屑于理会，那些奔走在功名之途上汲汲营求的俗人，他也看不起。在他的世界里，除了由着自己的真性情，审视这个世界上的"爱"与"美"之外，根本没有"谋道"的一席之地。

正如贾宝玉的书法和绘画都不错一样，曹雪芹也擅长这些。晚年家境窘迫，他甚至以卖字画为生。诗书画，都属于"杂学"范围，它们虽是士大夫应该具备的文化修养，但不能因为这些妨碍了科举，"只要发达了以后，再学也不迟"。这些"杂学"，只能是正途之上的一点点缀，一点附庸，而在曹雪芹的世界里，这些附庸和点缀，却是让人活得像一个人，活出真自在、真性情的最主要的东西。

更要命的还不只是这些。曹雪芹居然"身杂优伶"，和一些社会身份极为卑贱的伶人在一起，甚至以"公子"的身份，和伶人一起登台表演，这应该是抄家到北京之后的事了。

"百足之虫，死而不僵"。曹家在雍正五年被抄之后，随着雍正渐渐宽宥的政策，曹家的姻亲也陆陆续续回到了权力中心。十三年，雍正暴亡，乾隆继位，一连串的大赦恩旨下来了，曹家又迎来了短暂的春天。

雍正十三年（1735），曹雪芹的大表兄福彭升任为副宰相，他的祖姑丈傅鼐兼任兵部刑部尚书。曹雪芹又成了世家公子。

从被抄跌至谷底，到渐渐恢复了一些生机，重新跻身于公子哥行列，这种巨大的人生落差，给少年和青年曹雪芹的心灵底版上涂抹上了丰富的底色，也让他的心灵变得更加丰富，更加立体，更加难以捉摸。

他见识了形形色色的人，他认识了世情的翻覆与莫测，他感受了人情的冷暖与幽微，他也渐渐开始体会到了人生和命运的吊诡。

既然人是如此渺小，人的命运如此难以捉摸，何不在有限的人生中，做一个真正的自己？

然而，既然选择了违背世俗标准，选择了离开安全区，选择走上一条少有人走的路，就注定了一生的挣扎、困顿与失意。

四 谋食：一个理想主义者在现实生活中的无力

他内心反抗着习俗习见，与儒家"经邦济世"的理想背道而驰。

但随着年岁渐长，作为曹家的独孙，他不得不承担起振兴家族的责任。抄家后父亲致仕在家，一应事务，他代为接办。随着家中的状况有所好转，他结识了一些政商名流和文坛前辈。

根据史料，无法得知他是否参加过科举考试。有说法认为他考取了"举人"，也有说法认为他没有考中举人，而是补了一个贡生，"以贡生槁死牖下"。总之，在正统的史书上，是没有他的一席之地的。正是缺少了这些正面记载，"名不见经传"，他的生平事迹显得含糊而迷离。

我宁愿相信这个离经叛道的人，根本没有踏进过科举考试的门。如果他非要踏进这个门，也不是为了谋道，不是为了经邦济世。

乾隆初年，已经成年的曹雪芹曾任内务府笔贴式差事，后来又进入西单石虎胡同的右翼宗学（虎门），担任了一个不起眼的小职位。是助教、舍夫，还是夫役、当差？不是很清楚，总之是一个不起眼的打杂的小差事。

他内心是不甘的。不甘，不是因为职务大小，而是在这种庸常的消磨中，他满腹的才华无处施展。记得家人曾讲过"鹊玉"的典故。古时有一座名山，山上尽是玉石，但当地人不知它们的珍贵，把它们当作泥土瓦块一样看待，在他们眼中，这些玉就是他们用来赶喜鹊的石子。才高无人识，在一些庸夫俗子眼中，他的离经叛道和满腹才华，一文不值。他，在现实世界里，就是一个像"鹊玉"一样的废物。

在虎门当差的一段日子里，他唯一的收获是结交了两个真心相知的朋友，敦敏和敦诚二兄弟。二人和他一样，是没落的宗室后裔。他们和曹家一样，在康熙年间得势，在雍正年间被夺爵位，因为和年羹尧的姻亲关系而陷入了党祸，沦落为平民。

他们的遭遇、生活和思想感情中，有太多和曹雪芹一致的地方。他们一样充满牢骚激愤，一样不平而鸣，一样经历人生的巨变，对统治集团有着更为清醒的认识。

但直接吸引他们两兄弟的，是曹雪芹过人的才华风度，是曹雪芹不同于流俗庸众的见识和思想。这个理想主义者，怀抱着爱与美的理想，与习见习俗对抗，活得那么艰难，却又那么让人感佩。

根据史书记载，曹雪芹放达不羁，胸襟开朗，尤善嬉笑怒骂，胸中笔底时时流露出"奇气"。他脱略故常、不拘礼俗的真性情，他睥睨一切、高谈雄辩的言谈，深深吸引着敦家二兄弟。在宗学里，这几个热烈的年轻人，就这样自然而然地走到了一起。也正是因为敦家二兄弟，我们才能窥见曹雪芹的面貌之一二。

敦诚在自传中回忆道："亦出，出必醉，醉必纵谈。然谈不及岩廊，不为月旦，亦不说鬼"，他们不谈朝廷政治，不谈人物短长，不谈怪力乱神。他们就像魏晋的竹林七贤一样，口不臧否人物，但求任情纵性，但求在充满束缚的世界里，追求属于自己的自由，活出一个真的自己。

这样的一个理想主义者，叫人说什么好呢？

一切理想主义者，都要付出代价。代价就是不为当世人所接受，在现世中求不得圆满，也得不到世人所羡慕的一切。他们注定是孤独的，寂寞的，甚至是凄惨的。

"当时虎门数晨夕，西窗剪烛风雨昏"，虎门当值的岁月里，唯一值得回味的，就是与敦氏兄弟在一起纵酒任情的清晨和黄昏，就是西窗剪烛、抵足长谈的一抹真。

在生计上，在仕途上，他是一点起色也没有的。

这段岁月持续了十多年之久，这是他唯一为皇家卖命的一段岁月，也是他一生中相对稳定的岁月。但这种稳定，这种为奴为吏的生活，从俗而违心，不是一个理想主义者的长久之计。

他终于还是没有待下去，还没有等来家人所期待的飞黄腾达，他选择了离开。

自乾隆十二年（1747），已过而立之年的他，移居北京西郊。过上了流浪、寄食的生活。他住过佛寺，住过草庵，过着觅诗、挥毫、唱和、卖画、买醉、狂歌、著书的隐居生活。在极度困窘时，靠福彭、敦诚、敦敏、张宜泉等亲友的救济为生。

"满径蓬蒿老不华，举家食粥酒常赊"，一个理想主义者，放逐了这个现世，这个世界也放逐了他。在穷困潦倒中，纵酒狂歌，放浪形骸，用醉眼打量着这个熙来攘往的世界。其实，他心里比谁都清醒。

这种流浪寄食的生活，持续了十余年。

这十余年里，支撑着他的难道就是诗与酒？难道就是这种放任与自甘潦倒？不，他内心的"补天之志"从未懈怠。早在十余年前，他已开始动手构思一部不同寻常的书。又用了这十余年的辛苦，用字字泣血的精力，一丝不苟地建造着他的红楼之梦，他的精神世界。

"劝君莫弹食客铗，劝君莫扣富儿门。残羹冷炙有德色，不如著书黄叶村。"这十余年里，他也曾扣过富儿之门，也曾想过寄人篱下，也曾想过接受他人的施舍，但他终于没有向黑暗低头，也没有被黑暗吞没，他将《风月宝鉴》"披阅十载，增删五次"，终于写出了石破天惊的巨著《红楼梦》。

乾隆二十四年（1759），四十五岁的曹雪芹，在离开江南几十年之后，重游江宁。有人说他此次南游，是看望离散的族人，毕竟曹家在江宁织造任上经营了六十余年。也有人说，他是应两江总督尹继善之邀，去充任幕僚。

　　一个落拓半生的理想主义者，到老了会为箪食瓢饮而寄人篱下、为人作幕吗？在我看来，他此次南游，是精神上的寻根，是在对山川旧迹的凭吊中凭吊这个繁华如梦的尘世，是在凭吊已逝的历史，是在凭吊无常的命运。对命运施加给他的一切，他早已超越一己的悲欢，他想看清楚在人类历史中人作为一个独立的个体，如何在这个世间留下自己来过的痕迹。

　　他把一切思索，一切疑问，一切探索，一切幽微的心理，一切诗性的情感，一切心灵的颤动，都写在《红楼梦》里了。梦外的自己，对着这个苍茫的人世，他早已是不喜不惧。

　　是的，因为《红楼梦》留下了他作为一个人，来过这个世间的痕迹，他已心无所悔，无所求。他静静地看着江南的山河，静静地等待命运为他安排好的那个结局。

　　他甚至不想惊动任何人。悄悄地来，又悄悄地走，不带走一片云彩。江南漂泊一年后，他又回到了北京。就连他最好的朋友敦诚、敦敏也不知道他的行迹。

　　在一个酒馆中，一次偶遇中，他们才得知曹雪芹又回到了北京。

他想继续完善他的《红楼梦》，江南一游，一切模糊或遗漏的片段，一切陌生而缠杂的气息，仿佛一一清晰起来。他要将这些气息或细节，填充进他的"红楼一梦"中。

如果"红楼梦"是支撑他活下去的最主要的精神动力，另一个动力则源于亲情。曹家人丁不旺，他是独孙，到他这一代，也只有一个儿子。乾隆二十七年（1762），他的幼子因天花夭亡。仿佛不夺走他的一切，不夺走他的最爱，不将他逼至山穷水尽的绝境，就不能成就一个真正伟大的灵魂。

天以百凶成就一个人，但面临命运给他安排的这个境遇，他终究没有挺过去。他已没有任何念想。

《红楼梦》是他精神上活过的证明，而儿子是他家族血脉的延续，是他真实生命延续下去的载体。失去任何一个，都是难以承受的打击。

命运以最恶毒的方式，让他和这个人世告别。此年除夕，他病逝于北京。

还记得，也是这样一个除夕前夜，曹家被抄，由极盛转至极衰。其间虽有起伏，但终究没有振起。

一个家族无可挽回地没落了，一个家族命运的见证者与亲历者逝去了。历史以这种决绝的方式，想抹去曹家留在青史上的痕迹。

但它没有得逞。

一部《红楼梦》，让一切与之相关的人与事，永生。

五 红楼是梦原非梦

《红楼梦》是一部伟大的文学经典，也是一部百科全书，围绕着它，甚至形成了一门学问——红学。

对这样一部伟大的作品，我不敢赞一言。

对贾宝玉这样一个唯美唯爱的清澈灵魂，一个有着赤子之心想要担荷人类一切罪恶的慈悲之人，我们无法将他与曹雪芹一一对应，但这部曹雪芹以血泪和精魂浇灌出来的奇葩，或多或少有曹雪芹的影子在里面。

它在各个层面，打破了传统文学的藩篱，浸染着离经叛道的气息。

是的，曹雪芹是离经叛道的，他的作品亦是如此。

它塑造了一个二元世界。一个是现实世界，它以乾隆时代一个贵族之家的兴衰起伏为主线，将俗常人世，上至宫廷朝臣，下至市井民间的点点滴滴，刻画得淋漓尽致，它是一幅工笔《清明上河图》，却比《清明上河图》多了鲜活的生命与真实的呼吸。一个是神话世界，它脱离了现实层面，刻画了一个形而上的世界，这是一个唯美唯爱的世界。正是这个精神世界的存在，使生如蚁的庸常大众，也可以美如神。

它让人从现实的泥淖或深渊里，超拔出来，仰望星空，以精神的超拔对抗世俗的卑下。

《金瓶梅》刻画的是一个纯粹的形而下的世界，它让人在战栗之外，更加不可自拔地深陷于欲望的人世，这种深陷，带来的是更深的绝望，是死亡的气息；《红楼梦》却在形而下的现实世界之外，给了人另外一个世界，一个唯美唯爱的世界，一个能让人在绝望的边缘窥见希望的世界。因为，只要理想主义的光芒照耀人世，总有人会从泥塘般的现实中爬起来，去追寻理想的光芒，去穿透这令人窒息的黑暗。

它写了一个唯美的"女儿国"。

在贾宝玉看来，这个世界之所以还有希望，还有无穷的魅力，就在于它拥有那么多美好的女孩子——她们的青春和才情，她们的爱恨与悲欢，她们的毁灭与无奈。

"永恒的女性，引领我们飞升"，歌德的这个观点，曹雪芹一定是认同的。

它不像《水浒传》那样，写英雄豪杰，写须眉男儿；它更不会写帝王将相，历朝历代的史书中，他们永远处于主导地位；他要写一群不让须眉的红粉佳人，那些"大不近情，自相矛盾"之作，那些公式化、概念化之作，"竟不如我举世亲睹亲闻的这几个女子"，他要为这群真性情的女儿立传。

他写的女儿，不是《金瓶梅》中刻画的"淫妇"，不是《聊斋志异》中的鬼狐妖仙，更不是俗常写滥了的"佳人"。他打破了所有的枷锁，所有的俗套，写现实生活中他亲闻亲睹的几个女子。她们承载着他爱与美的理想，也承载着人间巨大的悲剧。

他打破了传统的大团圆结局，写出了震颤心灵的真正悲剧。在王国维看来，悲剧分三类：

> 第一种之悲剧，由极恶之人，极其所有之能力，以交构之者。第二种，由于盲目命运者。第三种之悲剧，由于剧中之人物之位置及关系而不得不然者；非必有蛇蝎之性质与意外之变故也，但由着普通之人物，普通之境遇，逼之不得不如是。

《红楼梦》的悲剧正是第三种悲剧，一种"无所逃乎天地之间"的悲剧，是命运与人生的无奈，是人生真实的境遇，没有传奇，没有虚构，它在每个普通的生命之间，时时上演。

他打破了传统中"好人""坏人"非黑即白的二分法，写了一群"正邪两赋"的人。他们在道德上并不高尚，他们也有很多缺陷和私心，但这一切都在人性的范围之内。你无法用道德标准去评判，你无法用简单的二分法去划分，因为每一个，都是那样真实。

因为懂得人性的缺憾与人生的不完美，他始终用一颗慈悲心审视着他笔下的每一个人，因为懂得，所以慈悲。

他写了一个至情至性的唯美典范——贾宝玉。

用刘再复先生的话说，贾宝玉的心是赤子之心、菩萨之心、释迦牟尼之心。这颗心是人类文学史上最纯粹、最美丽、最了不起、最伟大的心灵。

对贾宝玉的心，他概括了八个字：无敌、无争、无私、无我、无猜、无恨、无惧、无别。

无敌：他没有敌人，没有仇人。他尊重每一个人，甚至是那些要害他的人。

无争：他不争权力，不争财富，不争功名，不争做贾府接班人，只一心想当个"富贵闲人"，世俗中人追逐的东西，恰恰都是他极不感兴趣的。他为爱而活，为美而快乐。

无猜：在他心目中，没有敌人，也没有假人，哪怕别人编一个故事，说一个谎话来哄他，他也会当了真。

无恨：他没有俗常之人的仇恨、报复、算计。在他眼里，每个生命都是可以原谅、可以宽恕的。

他无私、无我。他心中没有自己，只有他人，处处为他人着想，被人讥为痴子、傻子。

他无惧，是因为心无挂碍。他无别，是因为他有一颗佛心，众生平等，并无分别。

这样一个理想主义者，这样一颗至美至纯的灵魂，在现实的土壤中怎么能够得到滋养，怎么能够很好地活下去？

曹雪芹也好，贾宝玉也好，他们都是以悲剧在现实中收场，他们精神的超越并没有改变现实中的庸常，他们的唯美之爱，在现实中有时是那样无能为力。

所以，《红楼梦》中有矛盾，这正是曹雪芹的矛盾之处。

最了解曹雪芹的是脂砚斋，最懂得他的人生知己也是脂砚斋。但这位脂砚斋究竟是男是女，是亲是友，是红粉知音还是金兰之交？都无从考证。脂砚斋是读懂了曹雪芹的矛盾的，她（他）在评《红楼梦》时说："钗、玉名虽两个，人却一身。"其意思是，二者在气质、禀性、品性上迥然有别，但她们是二位一体的。

为什么是二位一体？王昆仑先生说：

> 宝钗在做人，黛玉在做诗，宝钗在解决婚姻，黛玉在进行恋爱；宝钗把握着现实，黛玉沉酣于意境，宝钗有计划地适应社会法则，黛玉任自然地表现自己的性灵。宝钗代表当时一般妇女的理智，黛玉代表当时闺阁中知识分子的情感。

总之，宝钗代表着对现世生活的屈从与追随，代表着物质世界及其对人的诱惑及压迫，代表着体制与社会规则；而黛玉则代表着人性中桀骜不驯的东西，代表着自由与反抗。

我们每个人，既有着对自由的向往，也有着对归属感的追求。

既需要个性与独立，以发展自己；也有着对群体的依附与追随，以保护自己。

曹雪芹在宝玉身上寄托了纯粹的理想，又在钗黛二位一体的刻画中，展示了人生而为人的困顿与矛盾。

人生而为人，没有绝对的自由。如果人性没有枷锁，怎能见出人性的光辉？如果人生没有矛盾，怎能见证人性在挣扎中的力量与伟大？

这个不完美的人世，这个充满缺憾的人间呀，曹雪芹始终是爱着它的。所以，当贾宝玉在白茫茫大地上出家隐遁时，他穿着一袭猩红的大衣。这个"红"，是人间之情，是人不死的热情与欲望，是绝望中的希望。

他以血泪，铸就了一个希望。

王国维

独立之精神，自由之思想 »»»

终其一生，王国维都处在对人生意义的探寻当中。

22 岁之前，他在家乡接受的是传统教育，却在科举考试时弃时文帖括八股而不为，"不终场而归"，弃绝了传统的仕进之路。

30 岁之前，他醉心于西方的哲学美学，深受叔本华、尼采、康德等人哲学思想的影响，尤其服膺于叔本华唯意志论的悲观主义哲学，借哲学"探索宇宙人生之真理"。

30 岁之后，他深感"哲学上之说，大都可爱者不可信，可信者不可爱"，渐由哲学转入文学，"而欲于其中求直接之慰藉也"。《人间词》《人间词话》是他寻求心灵之慰藉、灵魂之安顿的实践与理论的产物。

1911 年辛亥革命后，他在人生志趣和治学方向上又一次发生了转折。文学中寻求慰藉不可得，灵魂无法得到安顿，他转而埋头于古文字、古彝器、古史研究，陷入纯粹的考据之学中，于喧嚣的人世里寻求最纯粹的寄托。

与文学上超越时代相反，在政治上他却越来越趋于保守。他以清朝遗老自居，对逊帝溥仪向有国士知遇之感，他以秀才身份，被溥仪破格召见，并任"南书房行走"。当溥仪被逐出宫，他视为奇耻大辱，欲投河自尽而不得。在"君辱臣死"的心灵阴影笼罩下，他最终以自杀而"完节"。王国维之死因，众说纷纭。与他精神相通且为至友的陈寅恪先生说："凡一种文化值衰落之时，为此文化所化之人必感苦痛，其表现此文化之程量愈宏，则其所受之苦痛亦愈甚；迨既达极深之度，殆非出于自杀无以求一己之心安而义尽也。"

以一遗民绝望于清室的覆亡，以一学者绝望于一种文化的式微，一介书生又生无所据，茫茫宇宙，唯有一死。王国维最终以"自沉"结束了他带有悲剧色彩的一生。

一 哲学梦

不羁少年

1877 年，王国维出生在浙江海宁的双仁巷。这时离鸦片战争过去已 30 多年，大清帝国在风雨飘摇中，新旧思潮碰撞激荡，社会正处在暗流涌动的关口。

这一年，康有为 20 岁，罗振玉 12 岁，孙中山 11 岁，蔡元培 10 岁，章太炎 8 岁，梁启超 5 岁。龚自珍已去世 36 年，4 年之后，鲁迅出生。

王氏家族在浙江海宁一带素有声望，只是传至王乃誉这一辈时，已日渐式微。至今，海宁仍有安化王祠——为纪念先祖王禀在靖康之难时，率太原军民奋力抗金而建，供王氏后人和海宁人祭奠。

在海宁，除了王氏祠外，双仁巷也有来历。它因颜杲卿和颜真卿得名，兄弟二人在安史之乱中忠勇报君，先后被叛军杀害。

在这块人文思想浓厚的土地上，秉承着传统文化的基因，王乃誉自然也对长子王国维寄予厚望。王乃誉早年为躲太平天国战乱曾流落至上海，在茶叶店、油漆店中讨生活，后返回家乡，继续做一点小生意，后又游幕溧阳，生活逐渐有了一些起色。

虽是一介幕僚，但他痴迷于书画、篆刻、古诗文，学养颇深。王国维 7 岁时，便被送到私塾学习，他是打定了主意让儿子走传统的科举仕进之路的。

后来王乃誉干脆辞掉了幕僚一职，在家"课子自娱"。只是这个被他寄予厚望的少年，"学既不进，不肯下问于人。而做事言谈，从不见如此畏缩拖沓。少年毫无英锐不羁，将来安望有成！"父亲的失望溢于言表，但失望归失望，11 岁时，他还是送王国维到著名的秀才陈寿田处学习，学的是传统的四书五经以及八股时文。

就是这个在父亲眼中"毫无英锐不羁"的少年，却在读书上面，渐渐显示出自己的不羁来。15 岁时，他以第 21 名的成绩，考取秀才。16 岁时，见友人读《汉书》，心生喜悦，拿出小时积攒的压岁钱，从杭州购得前四史，开启了自己的读书生涯。他不喜欢《十三经注疏》，也不专事帖括，读书唯究经史大义。

1893 年，王国维在父亲的催促下应乡试，"不终场而归"。1894 年甲午海战中，大清帝国被一个弱小的国家击败，国人震惊，王国维也受到极大的震动，"始知尚有新学者"。一时之间，救亡图存的思潮涌动。在这种动荡纷杂的局面下，传统的科考仕进之路，到底还有没有必要走下去，到底还走不走得下去，都是未定之数。

1897 年，他勉强又参加了第二次乡试，未中。看来，这个他本来就不甚有兴趣的科举之门，也不愿意为他敞开。传统仕进之路，应该弃绝了。

他决定离开家乡，去往一个视野更开阔、舞台更大的天地——上海，在那里谋生活。

初涉人世

1898 年初，22 岁的王国维，到上海《时务报》馆作书记员。

《时务报》的主笔是当时大名鼎鼎、主张变法求存的梁启超。去《时务报》，一是可与自己崇拜已久的梁启超共事，幸莫大焉；二来可以解决自己的生计问题，毕竟此时的王国维已在家乡成婚。

但令王国维没有想到的是，梁启超在他去前的几个月已辞去《时务报》职务，两人并未见面。梁启超受命主笔《时务报》，代表的是以康有为为首的维新派；而《时务报》的大股东汪康年，则代表张之洞。两者在人事及其他利益方面，多有龃龉，最终以康门弟子相继离开收场。

到《时务报》后，王国维感觉失望了。所谓的书记，不过是一个打杂人员，干干抄写、校对、收发书信的杂活而已。而他本人个性内向，又不善交际言谈，在同僚中与他有交际的人，也没有几个。当唯一一个主动与他接触的欧榘甲也离开后，他在这家报馆也成了孤家寡人。

什么维新思想，什么救亡图存，在现实的生计面前，仿佛也渺小得不值一提。他也曾想过离开，但为了那许诺的每月 20 块银圆的薪金，他不得不留下来。毕竟当时 1 块银圆可以买 40 斤大米。

苦熬了二个月后，他只领到了 12 圆的薪金。在汪氏兄弟眼中，他办事能力不足，领 12 圆已是恩赐。为了生计，王国维只得将少年壮志埋在心中，每日工作之余，以读史来打发无聊的时日。

只到有一日，在上海东文学社的罗振玉去报馆找汪康年，没碰到，却对报馆里只顾埋头看书，对来人从不曾举目正视的年轻人有点好奇。当他看见王国维的《咏史》诗时，心中暗自称奇，当下便觉得这是一个胸中有天地、不可小视的人才。诗曰："西域纵横尽百城，张陈远略逊甘英。千秋壮观君知否？黑海东头望大秦。"就是这一首诗，拉开了他和罗振玉30多年的知遇之交。

罗振玉本是经史考据学专家，好金石古玩。但甲午海战后，他意识到中华上国已不复存在，便办《农学报》，以译介日本农业方面的书籍为职志。为培养翻译人才，他又与汪康年谋划，于1898年初成立东文学社。

自此，王国维与罗振玉结下不解之缘。

罗振玉先给他在东文学社派了一个闲差，每月30圆。随后因东文学社关闭，王国维在罗振玉的资助下留学日本，仅数月因脚气病返国。但正是这段时间，他进入"独学时代"，大量接触并钻研西方社会学、心理学、伦理学、哲学等书籍。

用他自己的话说："体素羸弱，性复忧郁，人生之问题，日往复于吾前，自是始决从事于哲学。"当时正发生"戊戌政变"，社会各种政治势力、学术思潮和人生观念也在大冲突、大裂变、大融合中，社会、人生的种种问题，萦绕在这个将近而立之年的年轻人心中，他选择了用哲学来探究并解决他面临的一切疑问。

突破迷雾

留学日本，罗振玉的本意是让王国维物色一些日语翻译人才。

结果，翻译人才没有找到，他却找到了一大堆哲学书籍。一来是他认为，无论是什么变革，首先要改造人的思想，而改造思想，需要教育学，需要哲学。二来，其直接的原因则是，张之洞向朝廷上奏折，痛陈哲学无用，要让哲学从清政府正在创建的新式学堂中剔除。

王国维写了《哲学辨惑》一文，认为哲学集真善美于一体，无哲学便无教育。他的一番宏论，在当时引起轩然大波，也受到了很多人的关注。王国维由此声名大振。

盛名之下，通州师范学堂向王国维发出邀请，其创建者是清末最后一个状元张謇。为这个科考之梦，张謇从 16 岁一直考到 41 岁。但中状元之后，他又毅然选择辞官下海，办教育、兴实业，对这样一个充满传奇性、敢于与旧我决裂、不断探索社会人生新出路的人，王国维心里是佩服的，这也是他选择来通州的原因。

在这里，他任心理学、哲学、伦理学教员。读叔本华之书后，进而上窥康德的学说。他希求在哲学中思索人生的本质，以慰心中的困惑和种种苦闷。他读到叔本华《作为意志和表象的世界》，"大好之"。叔本华的悲观主义哲学一方面高扬生命意志，顺应当时的时势思潮，一方面其"悲观主义人生观"甚合"性复忧郁"的王国维之个性。

浓厚的悲观色彩和悲剧精神，一直贯穿在王国维的文学观和人生观当中。哪怕正当盛年，他也以悲情打量着、探究着这个变幻莫测的世界。悲观的因子，渗透在他过于年轻的肌体中，血肉中，思想中。来看看一个不到而立之年的人，写下的悲观句子：

我生三十载，役役苦不平。如何万物长，自作牺与牲？

我身即我敌，外物非所虞。人生免福褓，役物固有余。

人生地狱真无间，死后泥洹枉自豪。终古众生无度日，世
尊只合老尘嚣。

在他眼里，人只是寄寓在这个世界上，寄寓在一段形体内，人
皆无法摆脱嗜欲的挟制，皆是物质或欲望的奴隶。生而为人，无法
摆脱被羁束的宿命，那么，这样的人生与地狱又有何异？

在南通师范学堂，他做得并不如意。半年之后，他离职而去。

离职后，他受罗振玉之邀来到了苏州师范学校，同时任罗振玉
主办的《教育世界》主编。这二三年间，他的心情是少有的晴朗，
甚至发出"直欲奋六翮"的豪情之叹。这段时间，也是他学术生涯
中第一个井喷期。

他在《教育世界》上发表了《论叔本华之哲学及教育学说》
《红楼梦评论》《叔本华与尼采》等文，在译介叔本华的哲学思想
外，他的"非功利审美"文学思想也得到了集中呈现。对他而言，
哲学也好，文学也好，无关功利，无关现实的补缀，它们在本质上
都是超越于功利之上的独立存在，是建构人的精神和情感世界的
东西。

也正是在这段时间，他的思想也悄悄发生了转变。

二 文学梦

《人间词》

在苏州讲学期间，除了大力译介哲学，他又将西方哲学理论用于研究中国传统文学，对《红楼梦》作出了新人耳目的独特评介，在后来的"红学"研究中，独树一帜，开风气之先。

除此之外，他藉着深厚的国学素养，运用中国传统的词体，创作了大量的"人间词"。这时的转变是无意识、自然而然的。直到二年后，在《三十自序》中，他才说："余疲于哲学有日矣，哲学上之说，大都可爱者不可信，而可信者不可爱……而近日之嗜好，所以渐由哲学而移于文学，而欲于其中求直接之慰藉者也。"

欲借哲学、教育学改造人心，改造人的思想，希求在救亡图新中取得一点点功效，这信仰看来已经产生了动摇。而他之转向文学，并不是追求文学的伦理和实用功能，而是借文学这种形式，以安放自己的情感和心灵。

文学无关功利，是一种超功利的审美形式。

对他而言，参与社会的改造，成为一个社会活动家，显然是不可能的。他只能凭借自己的学养，在不违逆自己个性的前提下，以文字为口舌，在这个世界上发出属于自己的独特的声音。

1906 年，王国维随罗振玉奉调学部而返京，住罗家。接下来的两年间，先后发表了《人间词》甲乙两稿。他对自己的《人间词》颇为自负，"余自谓才不若古人，但于力争第一义处，古人亦不如我用意耳"。

　　关于《人间词》，黄霖先生的一段评价写得很好：

　　　　王国维《人间词》和传统诗词的最大区别，就是他不再仅仅关注人的伦理世情，去重复离别相思、宠辱陟黜的主题；而是将个人自我抛入茫茫大块的宇宙、大化流行生生不已的永恒中，让自我去面对注定的人类悲剧，甚至将自我作暂时的人格分裂，作灵魂拷问，去追究人生无根基性的命数；也就是说，王国维开始摆脱传统的伦理视界的限制，进入一种哲学视界，对人生进行一种哲学式的审美思索和艺术表达，用他自己的话来说就是"力争第一义处"。王国维的《人间词》浸透了叔本华的悲观主义哲学观，他用一双充满忧郁、孤独、悲悯的眼睛审视着世界和人生。词中的自然意象多是肃霜秋风、栖鸦孤雁、鹤唳乌啼、残霞落花，基本主题是人间无凭、人世难思量、人生苦局促。这种慨叹不是古人那种片刻失意落魄后的自怨自艾，而是词人王国维对宇宙人生一贯的哲学洞识和艺术感觉。在王国维的《人间词》中使用频率最高的词是"人间""人生"。"人间""人生"作为诗人体验思索的对象进入诗人的视野。王国维曾以"人间"为室号，将他的词集称为"人间词"，将他的词话命名为"人间词话"，其中似乎暗含着一种人生叩问的哲学况味。

1906年，王国维的父亲王乃誉病逝，王国维回家奔丧。

1907年，原配夫人莫氏病亡，王国维自京返乡奔丧。

接二连三的打击和无常，加之抑郁内向的个性和自己多病的身体，他在《人间词》中的悲观主义和人生叩问，似乎都是自然而然的了。

《人间词话》

1908年，在罗振玉主办的《国粹学报》上，王国维又刊出了《人间词话》前21则，提出了著名的"境界说"。如果说《人间词》是他在实践上向传统文学的回归，《人间词话》则是其《人间词》的理论升华，也是中国传统词话理论的升华。

王国维被誉为"中国近三百年来学术的结束人，最近八十年来学术的开创者"，在中国美学和文学思想史上，他既是古代向现代过渡的桥梁，也是东方与西方融合的开拓者。《人间词话》集中体现了他学贯中西、融汇古今的思想特色。它既是中国传统词话的终结，也是中国现代词学的开启；既具有浓厚的东方思维特色，又闪耀着现代西方哲学的异彩。"好像一座崔嵬的楼阁，在几千年的旧学城垒上，灿然放出了一段异样的光辉"。

《人间词话》的核心是"境界论"，其整个理论建构都围绕着"境界"二字，理解了"境界"，其他很多论述都会迎刃而解。诸如"有我之境"与"无我之境"、"造境"与"写境"，还有著名的"三境界"说，这些无不成为词话理论中颇具新见而又带有母题性的研究话题。

继《人间词话》后，王国维又将志趣转移到戏曲方面，这一点也是受到西方观念的影响。在西方，戏曲的地位是很重要的，在中国，戏曲一直衰疲不振。他试图从戏曲史的角度，担当起戏剧振兴的责任。"以东方古文学之国，而最高之文学无一足以与西欧匹者，此则后此文学家之责矣。"由此，他写出《宋元戏曲史》，郭沫若称此书和鲁迅的《中国小说史略》为"中国文艺史研究上的双璧"。

在这里，我们看到了王国维的天才。

天才有异于常人的感受和洞见，也有异于常人的痛苦。无论是将西方哲学与中国《红楼梦》相结合，提出《红楼梦》是真正的"悲剧"，还是《人间词》及《人间词话》，他的感受和洞见，都不是一般人所能及的。

但天才往往都有自己的宿命，也有不可解的、不可知的莫名的痛苦。学术研究，对王国维而言，不仅仅是他天才的表现之一，也是他对抗痛苦的唯一慰藉。

终归是一个书生啊，在这个复杂和无常的人世间，过去令他倍感痛苦，现在也令他倍感迷惘，而未来他看不清楚，也看不到希望所在。他能做的只是，在学术和书本中求生活、求慰藉，求自己活着的价值和动力。

改良派也好，维新派也好，革命派也好，还有各种打着变革旗号的野心家，对他而言，都是一个个即将告别的身影。他看不到现实好转的迹象，也看不到未来之路在哪里。早年勃发的英气，还有为"新学"激荡而奋力研究的西方学说，对他而言，都是越来越遥远的梦境。

现实越是混乱，他越是往传统回溯，越是沉潜眷恋于过去的一切。

对他而言，过去纵然不好，但总还有一个统一的帝国在，有一个可以围绕着这个核心的中心人物在。

三 甲骨与敦煌"朴学"梦

如果说寄情于哲学，还有一线改造现实的初衷；寄情于文学，是寻求慰藉痛苦的转向。寄情于"朴学"，则已然是对现世的一种逃避。

1911 年，王国维 35 岁。这一年 10 月 10 日，爆发了辛亥革命，革了大清皇帝的命。

对越来越眷恋过往的王国维来说，这是一个巨大的打击。它革掉的不仅是一个封建王朝的命，也是王国维心中残存的恢复大中华文化的希望。这个革命让王国维感觉到了恐惧。

比他还恐惧的是罗振玉。罗振玉是朝廷的四品官，而且，此时他家里有大批古籍和龟甲兽骨。

已成为姻亲的王国维和罗振玉一筹莫展，此时早年在东文学社结识的日本友人向他们发出了邀请，他们于 11 月中旬，携家带口前往日本。

1912 年在日本京都大学，他写长诗《颐和园词》，写《隆裕太后挽歌辞》，咏叹清室的兴亡，祭奠一个逝去的旧王朝。在这曲曲挽歌中，他表达了一个"遗民"的忠愤与哀思。其实，他哀悼的到底是一个王朝的逝去，还是一种文化象征的颓逝？说不清。这一点，在他接下来的人生历程中，会渐渐清晰。

在日本一待就是 5 年。这 5 年之间，他越发感到在混乱的世变中，唯学问之道是最高尚的，也是最恒定的。自此后，他的治学兴趣又发生了一次转向。——专攻经史小学、金石器物之学。无关义理，无关情感，从纯粹的史料和文物中，寻绎考辨中华文明的脉络，今人称之为"朴学"。

在日本，他治学最大的成果和贡献，一为甲骨文，一为敦煌学。

他研究甲骨文，源于罗振玉带到日本的大量龟甲兽骨。这些藏品罕见而丰富，其中最珍贵的是发掘于安阳殷墟的甲骨文。

河南安阳的农民在地里劳作时，挖掘出一批龟甲和兽骨，他们将这些作为龙骨卖给了中药铺。1899年金石学家王懿荣在一次偶然中，发现这些叫"龙骨"的药材，非同一般，他以异于常人的敏感和卓识，斥资买下京城所有的"龙骨"，还派人去安阳收购。八国联军进京后，他死于乱中，其子将这些龙骨卖给父亲的好友刘鹗，罗振玉又是刘鹗的亲家。随罗振玉一起运去日本的龙骨成为他们研究的最可靠而原始的依据。

1917年，王国维将自己在日本期间的研究写成《殷卜辞中所见先公先王考》等一系列文章，将殷商从传说变成信史，展现在了国人面前。他这是在为古老的中华文明正本清源，在为社会变革寻找理论根据。

另一个重大研究成果有关敦煌。

敦煌，有举世闻名的文化古迹，也有刻骨铭心的奇耻大辱。

这里是丝绸之路的要道，这里是中国、印度、希腊等文明交汇、激荡而后又被封存之地。只到清末，一个叫王圆箓的道士从一道裂缝中发现了它。

他将洞内藏有绝世经书绢画的消息告诉了官府，官府的命令是"就地封存"，但在国力日渐衰弱之际，哪里封存得住？那些窥伺中华文物的野心家和强盗先后登场，比如伯希和、斯坦因。

在日本的第二年，法国汉学家根据斯坦因带回的文物，撰成考释请教罗振玉。罗振玉和王国维借此机会，研究考证了这批文物，最后写成《流沙坠简》。在《流沙坠简》中他们解开了诸多千古之谜，为近代研究西北古地奠定了基础，其中最引人注目的便是玉门关究竟在何处。

布衣长辫

1916 年，王国维回到了故国。

回来后他发现，一场革命后，除年号被废外，皇帝依然端坐在紫禁城，只是无法再发号施令。以前的巡抚改名叫督军，除了变了名称外，仿佛那些前清的老朋友，该干什么还是干什么，只是不需要再去朝拜皇帝了。

在新旧的转换交战中，旧的摇摇欲坠，但没有完全死去；新的尚在孕育之中，但也不知路在何方。乱纷纷，你方唱罢我登场。

他也曾是新学的追随者与实践者，但他更怕旧文化传统的断裂与破灭。他对旧皇室抱着极大的同情甚至眷恋，因为在他心中，至少他们还代表着旧的文化或文明传统。

所以当他听说张勋要复辟，要拥立溥仪复位时，他禁不住为张勋大唱赞歌。

只是历史的车轮滚滚向前，谁人又能挡得住历史的洪流？复辟的闹剧只维持了短短 12 天，便宣告破灭。

这下，王国维更是心灰意冷了，除了将自己封闭在书房和书本中，他什么也不想做，什么也做不了。这个世界变化太快，太大，让他无所适从。

他留着长辫，以独立的姿态祭奠逝去的旧王朝，同时维持着他心中固守的信仰和道义。

罗振玉写信劝他说："抑弟尚有厚望于先生者，则在国朝三百年之学术不绝如线，环顾海内外，能继往哲开来学者，舍公而谁？"至少，在学术的国度里，他可以自由自主，做一个独立于时代的人。

所以，当犹太人哈同聘请他任教仓圣明智大学时，他略做考虑，便同意了。毕竟在那里，他可以主编《学术丛编》，既可以潜心研究，又能全权负责，同时也可以凭借优厚的报酬解决生计问题。

只是热衷于附庸风雅、世俗功利的哈同终究惹烦了王国维，没做多久，他欲辞职，再度去日本。

正在此际，北京大学校长蔡元培向他伸出了橄榄枝。

王国维犹豫不决。

说起来，蔡元培和他都是浙江人，只是一个在海宁，一个在绍兴。蔡元培出生于世代经商的家庭，但也走上了传统科举仕进之路。和王国维没有考取秀才不同的是，蔡元培年仅24岁时便中进士，被授翰林院庶吉士之职。王国维个性内向，对旧文化传统多有眷恋，且精力大部分都花在学问和书本上。但大他9岁的蔡元培则不同，他终身积极从事社会活动，很多时候都在做官，且以激进的方式投身于政治斗争中。

1913年，蔡元培因不愿与袁世凯政府合作而辞去了中华民国临时政府教育总长之职，1917任年北京大学校长。

在对待清廷的态度上，二者差别很大。王国维秉持改良主义，希望清廷改革政治，实行君主立宪。他反对辛亥革命，希望清政权能延续统治。蔡元培知道改良无望后，便组织光复会，转向彻底的革命，直至辛亥革命成功。

也许，正是这点不同，让王国维心有芥蒂。道不同，不相为谋。但在蔡元培心中，他对王国维的学术造诣是服膺的，早年王国维写的《红楼梦评论》便受到了他的关注。执掌北大后，他摒弃政治立场之囿，以开放的气度和胸襟，延揽一批在学术上有造诣有声望的学人。王国维以其巨大的学术成就和声誉，自然也进入了他的视野。

北大是一个学术研究的好去处，但它的"新文化"思潮，又让王国维颇为犹豫。

在蔡元培接连四次发出邀请后，王国维终于于1922年同意担任北大国学门通讯导师。但人不在北大，且不接受北大的薪金。

四 梦碎

文学侍从

如果王国维的生命，终止于此，也是波澜不惊的一生了。

但就在 1923 年，47 岁的王国维接受了逊帝溥仪的谕旨，任"南书房行走"，当了溥仪的老师。以秀才身份入宫当帝王师，对王国维来说是"二百年未有之恩遇"。

为什么偏偏是王国维？

因为他以布衣长辫，独立行走在新世界丛林之中，坚守着心中的旧传统和故国梦。

溥仪摆出一副"重振朝纲"的势头，王国维为他尽心尽力，做着一个注定要破灭、要被时代遗弃的旧梦。溥仪赏王国维"五品衔"后，罗振玉为他刻下"文学侍从"印章一枚；接着皇帝给了王国维更大的恩遇，允许王国维在紫禁城骑马。这是以往只有亲王、军机大臣才能享有的恩遇啊。王国维内心感激莫名，以更大的诚心为皇帝进献良言。

只是没过多久，冯玉祥率军赶溥仪出宫。王国维身为帝王师，誓与溥仪共生死，当溥仪逃至东交民巷日本使馆后，他和罗振玉等相约投神武门御河，自杀殉国，但被家人死死拦住。

就在溥仪被驱逐出宫前，因内务府和载洵等私售宫中文物给日本，被北京大学考古学会发现，痛斥其卖国行径，他们发表的宣言直指溥仪小朝廷。王国维对他们直斥御名的行径极为不满，宣布不再担任北大国学门的通讯导师，与北大就此决裂。

清华一梦

溥仪躲进天津租界后，王国维则于 1925 年，接受吴宓的聘任，进入清华园。

请王国维来清华，是胡适推荐的。胡适服膺于王国维的学术造诣。但他连续邀请了两次，王国维都没有同意。最后，胡适请溥仪劝王国维，随即溥仪下了一道诏书到王国维家中，王国维才同意奉诏进清华，和梁启超、陈寅恪、赵元任共同成为清华"四大导师"。

清华大学校长吴宓知道王国维的习性，他亲自带着聘书，到王国维家中，对王国维行起了旧式叩首大礼，王国维一时之间感动莫名。他以为对方是一个西装革履之人，却不料对方以这种特有的方式示诚。

就这样，他戴着瓜皮帽，拖着一根长辫，穿着布衣长袍，行走在清华园，成为一道独特的风景。有一次夫人在为他梳洗长辫时问他，别人都剪了，何不剪掉？他说："既然留了，又何必剪掉？"他的长辫，和他独有的风格，慢慢地为清华园所习惯和接受。

在清华园，他外表极冷，与年轻老师几乎没有任何交流，除陈寅恪等少数几人之外，他几乎是独来独往的。有一次，清华大学为他办五十寿诞宴席，赵元任的太太因为惧怕王国维而坚决不与他同坐一桌。

他内心是极热的，他精深的学识、笃实的学风、科学的治学方法，吸引了大批热情的年轻学子。他对年轻学子提出"以学术为性命精神"的期待，对以赚钱谋官为动力的学术动机，深恶痛绝，但他深知以一己之力改变社会全体之好，殊为不易。

他的治学态度是极谦卑的。据说他上《尚书》课时，开场白是独特的。他颇为郑重地对学生说要宣布一个重要消息："诸位，我对《尚书》只懂了一半。这是我对诸位应该说的第一句话。"知之为知之，不知为不知，没有半点虚假和矫饰，此种师风，也让人追慕不已。

遗世独立

1926 年，王国维的长子王潜明不幸病逝于上海。

丧事完毕后，儿媳罗孝纯随父亲罗振玉回到了上海家中。

白发人送黑发人，是人生的一大不幸。然而他面临的不只是丧子之痛，还有挚友之绝。与他结交近三十年的罗振玉，亦亲亦友的罗振玉，因为这次女婿的去世和往年因小夫妻之事而积累的龃龉，也宣布和王国维断绝亲友之谊。人生之痛，莫过于此。

在学术和文化的领域内，王国维如鱼得水，高深的造诣、卓绝的新见，让人望尘莫及。在人情世故这个领域里，他却像一个痴子，处处碰壁，处处受到伤害。在社会的洪流中，他一直不愿被裹挟着前行，独立地坚守着旧文化的残梦，坚守着他心中的旧世界。

还有，时局也让人越来越不安。听说冯玉祥已率兵入关，张作霖欲退到关外自保，一场大变恐怕又要来临了。而梁启超也欲前往日本避祸。

除了治学外，他又能做什么？

在这个动荡不安的乱世中，一切都是无常，一切都让人看不清。又有哪一方净土，可让自己心无旁骛地做学问？所做的学问，于这个现实的世道，又有何裨益？

回首半生，从早年欲以哲学改造世界，到中年转向文学寻求慰藉，到晚年转向考据以避世，到现在在清华园中传播学问，可这个社会又哪里需要这些纯粹的学问呢？那个寄托着他的信仰的旧文化传统和君主已自身难保，前路何在？寄托何在？

一切因缘郁结于他心中，忧心如醉，如煎，他曾不止一次地想过自己的去路。

1927 年 6 月，清华园又迎来了一年的毕业季。距端午节还有几天，即将毕业的学生忙着向老师王国维告别，晚上戴家祥和谢国桢到老师家中话别。谢国桢还带了两把折扇，请老师题字留赠。

6 月 2 日，王国维如常吃完早餐，到清华院有条不紊地处理了一应琐务，还特意为谢国桢留下的两柄扇子题了字。其一题曰："生灭原知色即空，眼看倾国付东风。惊回绮梦憎啼鸟，冒入情丝奈网虫。雨里罗衾寒不寐，春阑金缕曲方终。返生香岂人间有，除奏通明问碧翁。"这是他的绝笔，其中透露出万事皆空、生死一梦的幻灭感。

随后，他向他遇到的一位教授借了五元钞票，出了清华园后，雇了一辆人力车，前往颐和园。吸完一根烟后，11时左右，他跃身扎入水中，于园中昆明湖鱼藻轩自沉。

事后，人们在他内衣口袋中发现遗书，遗书中写道："五十之年，只欠一死。经此世变，义无再辱。"

仿佛，他在人世上走了五十年，一直在求死。其悲哀绝望之感，深入骨髓。

一代文化巨人，以自沉从容地向这个人世诀别。他走的时候，就像他活着的时候一样，一切都静悄悄地，不惊动任何人。

对于王国维之死，有殉清、被逼债等各种说法，但任何一种拘泥于一人、一时、一事之说，都不足以涵盖他选择自沉的原因。对他而言，这只是他自由选择的告别方式而已。

他曾在《屈子之文学精神》中这样评价选择自沉于汨罗的伟大诗人屈原："盖屈子之于楚，亲则肺腑，尊则大夫，又尝管内政外交上之大事矣，其于国家即同累世之休戚，其于怀王又有一日之知遇，被疏者一，被放者再，而终不能易其志。"

家国情怀与个人知遇之恩，是屈原"终不能易其志"的原因，在某种程度上，也可算作王国维的夫子自道吗？

对于王国维之死，梁启超是这样说的：

> 宁可不生活，不肯降辱；本可不死，只因既不能屈服社会，亦不能屈服于社会，所以终究要自杀。伯夷叔齐的志气，就是王静安的志气！违心苟活，比自杀还更苦；一死明志，较偷生还更乐。

> 他对于社会，因为有冷静的头脑，所以能看得很清楚；有和平的脾气，所以不能取激烈的反抗；有浓厚的情感，所以常常发生莫名的悲愤。积日既久，只有自杀之一途。

另一个文化巨人陈寅恪说：

> 凡一种文化值衰落之时，为此文化所化之人，必感苦痛，其表现此文化之程量愈宏，则其所受之苦痛亦愈甚；迫既达极深之度，殆非出于自杀无以求一己之心安而义也。……盖今日之赤县神州值数千年未有之巨劫奇变；劫尽变穷，则此文化精神所凝聚之人，安得不与之共命而同尽，此观堂先生所以不得

不死，遂为天下后世所极哀而深惜者也。（《王观堂先生挽词序》）

先生之著述，或有时而不彰。先生之学说，或有时而可商。惟此独立之精神，自由之思想，历千万祀，与天壤而同久，共三光而永光。（《清华大学王观堂先生纪念碑铭》）

"独立之精神，自由之思想"，不仅限于王国维一人一身，而是近代学者的一种新的人格理想。

纵观王国维的一生，从生到死，无不贯穿着这个思想。

生，不随大流；在滚滚而来的新文化潮流中持守旧文化的价值标准，以对抗新文化产生的种种流弊。死，不苟且偷安。在这个人世，我来过，我活过，留下了不灭的印记，然后，我走了。